kindergarten heute

Aljoscha Jegodtka

MATHE SPIELEN

Impulse für die mathematische Bildung in der Kita

Verlag Herder

VORWORT

WARUM MATHE SPIELEN WICHTIG IST

Es gibt viele gute Gründe für Sie als Erzieher*-innen, frühe Mathematik in das alltägliche Spielen und Lernen von Kindern mit einzubeziehen.

1) Das große Interesse aller Kinder, und zwar schon der jüngsten, an mathematischen Themen: Kinder sortieren nach Farben oder Formen, nach Größe und Art. Sie probieren aus, wie viel Saft in ein Glas passt – meist ist es weniger, als sie denken. Sie zählen alles Mögliche, bauen Türme und mitunter gewagte andere Gebilde. Sie verbringen, wie Studien belegen, in der Kita viel Zeit mit mathematischen Tätigkeiten (vgl. Seo/Ginsburg 2004).
2) Die Entfaltung mathematischer Kompetenzen als grundlegender Bestandteil der kognitiven Entwicklung. Erschließen sich Kinder doch mit Zahlen und Zählen, Vergleichen und Messen ihre Lebenswelt und lernen dadurch jeden Tag hinzu (vgl. Kornmann 2010).
3) Die Mathematik als – nicht unbedingt immer beliebter – Teil Ihres Bildungsauftrages, der in den Bildungsplänen der Bundesländer fest verankert ist.

Sicherlich ist Ihnen nicht immer bewusst, wie viel Mathematik in ganz alltäglichen Situationen steckt und wie Sie diese spontan für die mathematische Bildung nutzen können. Deshalb finden Sie in dieser Materialsammlung in den Kapiteln 1 bis 12 das breite Spektrum der mathematischen Themen, die Ihnen und den Kindern im Kita-Alltag immer wieder begegnen.

Jede Einheit behandelt eine mathematische Tätigkeit bzw. ein mathematisches Themengebiet und

… beginnt mit einer leicht verständlichen Einführung in die Grundlagen

… stellt den altersgemäßen Bezug der Handlungen der Kinder zu mathematischen Kompetenzen her

… gibt der Fachkraft Hinweise auf besondere Schwierigkeiten/Stolpersteine

… fasst kurz und knapp zusammen, welche Fertigkeiten und Kenntnisse ein Kind am Ende seiner Kita-Zeit erreicht haben sollte

… stellt eine Fülle an leicht umsetzbaren Impulsen wie Spiele, Übungen, Aufgaben, Gesprächsanlässe, Bilderbuchbetrachtungen, kreative Tätigkeiten für Ihre alltägliche Praxis zur Verfügung.

Viel Spaß beim Mathespielen, denn Mathematik ist spannend, freudvoll und faszinierend!

Aljoscha Jegodtka

EINLEITUNG

MATHEMATISCHE BILDUNG IN DEN KITA-ALLTAG INTEGRIEREN ...

Verschiedenen Untersuchungen (z. B. Hauser et al. 2014) zeigen, dass die regelmäßige, alltagsintegrierte spielerische Auseinandersetzung mit mathematischen Themen besonders geeignet ist, um die Entwicklung mathematischer Kompetenzen von Kindern zu unterstützen. Der Kita-Alltag bietet vielfältige Möglichkeiten, mathematische Themen aufzugreifen und zu vertiefen.

1) Morgenkreis

Dieser bietet sich in zweifacher Hinsicht an. Zum einen durch das immer wiederkehrende Ritual von spezifischen, gegebenenfalls auch variierten Spielen, Liedern, Aufgaben und Rätseln. Beispiele: Die anwesenden Kinder werden immer wieder abgezählt. Sie stellen sich immer entsprechend einer gewürfelten Zahl in Gruppen zusammen und prüfen gemeinsam, ob dies gelungen ist. Gerade wenn eine Aufteilung nicht gelingt, stellt sich die Frage, wie man die Aufgabe anders bewerkstelligen könnte. Zum anderen bietet der Morgenkreis Raum, besonders faszinierende mathematische Probleme vorzustellen, die von den Kindern gelöst werden können. Im weiteren Tagesverlauf sollte es immer wieder die Möglichkeit geben, diese Probleme vertiefend zu betrachten: Werden im Morgenkreis Flächenformen (Dreieck, Viereck, Kreis etc.) vorgestellt, dann könnten im Verlauf des Tages Formenfernrohre gebastelt (siehe Impuls S. 58) und später die Kita daraufhin untersucht werden, wo sich diese Formen überall finden lassen.

2) Freispielzeit

Werden regelmäßig mathematikhaltige Spiele und Bilderbücher zur Verfügung gestellt, können sich Kinder selbstständig und spielerisch mit mathematikhaltigen Themen auseinandersetzen. Fachkräfte sollten darauf achten, dass das angebotene Material dem Entwicklungsstand des Kindes angemessen ist – nur dann macht die Beschäftigung damit Spaß und leistet einen Beitrag zur Entwicklung mathematischer Kompetenzen.

3) Kleinere oder größere Projekte

... ermöglichen die vertiefte Befassung mit spezifischen mathematischen Themen. Besonders sinnvoll ist hier die vielschichtige, auf verschiedenen Ebenen stattfindende Auseinandersetzung mit spezifischen mathematikhaltigen Fragestellungen. So werden die kindlichen Interessen immer wieder aufgegriffen und vertieft. Beispiele: Haben Kinder erkundet, dass sich das Würfelbild von fünf Punkten auch aus vier und einem Würfelpunkt oder zwei und drei Würfelpunkten zusammensetzen lässt, könnten sie erforschen, wie viele verschiedene Möglichkeiten es gibt, die Gesamtmenge aus Teilmengen zusammenzusetzen. Oder aber es gibt einen Dreiecks-Tag: viele verschiedene Tätigkeiten drehen sich immer wieder um das Thema Dreiecke.

Bei der Auswahl mathematikhaltiger Spiele und Tätigkeiten sollten Erzieher*innen die folgenden Ebenen immer gleichermaßen im Blick behalten: einerseits den mathematischen Gehalt des jeweiligen Spiels bzw. der entsprechenden Tätigkeit („Welcher Aspekt von Mathematik wird in diesem Spiel, in dieser Tätigkeit fokussiert?"); andererseits die Passung zwischen Kind und Spiel („Entspricht das Niveau des Spiels, der Tätigkeit, des Materials dem aktuellen Stand der Entwicklung?").

WAHRNEHMEN, WO ÜBERALL MATHEMATIK DRINSTECKT …

Frühe Mathematik umfasst verschiedene Facetten (vgl. Benz et al. 2015 und Hoenisch/Niggemeyer 2015), bezieht unterschiedlichste Tätigkeiten mit ein und ist mit anderen Bildungsbereichen eng verknüpft. Sie findet in der Kita vor allem in den folgenden Tätigkeiten der Kinder statt:

1) Zahlen, zählen und abzählen

Kinder lernen die Ziffern 0 bis 9 auf vielfältige Weise kennen: Es gibt Hausnummern, Autokennzeichen tragen Nummern, Dinge sind nummeriert. Darüber hinaus lernen sie zählen. Zählen bedeutet das Benennen der Zahlwortreihe – irgendwann auch in der richtigen Reihenfolge. Manchmal erfinden sie eigene Zahlwörter: „Neun, zehn, elfzig, zwölfzig". Kinder lernen die Zahlworte null bis zwölf auswendig. Natürlich werden sie im Lauf der Zeit immer flexibler. Sie können dann bei 5 beginnend weiterzählen oder die Zahlenfolge von 10 bis 0 benennen.
Hinzu kommt die Entwicklung eines Bewusstseins für Anzahlen: eine Zahl antwortet in diesem Zusammenhang auf die Frage „Wie viel(e)?". Durch Abzählen lässt sich bestimmen, wie viele Kinder insgesamt in einer Gruppe sind oder wie viele Schritte eine Spielfigur vorrücken darf, wenn eine 4 gewürfelt wurde. Dieses Wissen wird „kardinaler Zahlbegriff" genannt. Beim Abzählen gibt es fünf Regeln, die Kinder lernen:

1) Es gibt eine Eins-zu-eins-Zuordnung zwischen Zahlwort und zu zählendem Ding. Das bedeutet, dass jedem Ding, das gezählt werden kann, ein Zahlwort zugeordnet ist. Wenn Kinder das Benennen der Zahlworte mit dem Abzählen verbinden, sind es zu Beginn der Entwicklung häufig zwei unverbundene Handlungen: Sie benennen die Zahlworte, sie bewegen die Hand. Doch noch stellen sie keine Verbindung her zwischen den gezählten Dingen und den Zahlworten. Im Laufe der Zeit – und mit entsprechenden Hinweisen der Fachkräfte – lernen Kinder, dass es auf die Verbindung beider Tätigkeiten ankommt.
2) Es ist nicht wichtig, wie die zu zählenden Dinge angeordnet sind. Menschen haben beispielsweise fünf Finger an einer Hand. Um das zu überprüfen, ist es egal, ob beim Daumen, beim kleinen Finger oder beim Mittelfinger mit dem Zählen begonnen wird. Ein wichtiger Entwicklungsschritt für alle Kinder ist es, die Irrelevanz der Anordnung zu erkennen.
3) Die Zahlworte haben eine eindeutige, immer feststehende Reihenfolge: eins, zwei, drei, vier, fünf etc.
4) Das Anzahlprinzip (Kardinalzahlprinzip) bedeutet, dass das gerade benannte Zahlwort angibt, wie viele Dinge schon gezählt worden sind. Das letztgenannte Zahlwort gibt an, wie viele Dinge insgesamt da sind.
5) Die vier vorstehenden Regeln gelten für alle zählbaren Dinge.

2) Sortieren und klassifizieren

Beim Sortieren werden Grunderfahrungen der Mengenbildung gesammelt und Fragen verfolgt wie: „Was gehört zusammen?", „Was gehört nicht zusammen?". Dies geht einher mit sprachlicher und insofern auch kognitiver Bildung, weil Kinder Oberbegriffe und Unterbegriffe kennenlernen: „Tiere" als die Gesamtheit der zu sortierenden Dinge, „Vögel" als Unterbegriff, „Ente" und „Schwan" als kleinere Einheiten. Jedes Mal, wenn Kinder in der Kita aufräumen, leisten sie übrigens eine Form des Sortierens.

3) Muster und Symmetrie wahrnehmen

Muster stellen Zusammenhänge und Regelmäßigkeiten dar und können entdeckt und als wiederholende Ordnung wahrgenommen werden. Bilder mit Mustern werden häufig als schön wahrgenommen. Somit ist hier eine Verbindung zur ästhetischen Bildung gegeben. Symmetrien sind besonders interessant und lassen sich sowohl durch Spiegelungen als auch vielfach in der Natur wiederfinden, z. B. bei Schmetterlingen.

4) Wiegen, Messen und Vergleichen

Mit unterschiedlichen Methoden werden Längen, Gewichte, Entfernungen, Zeit und Mengen gemessen und dabei die jeweiligen Eigenschaften der Dinge erfasst. Ein Luftballon ist groß, aber leicht, ein Stein ist klein, aber schwer. Oder: „Wie viele Schritte brauche ich, um einen Raum zu durchqueren?" Es kommt darauf an, wie groß die Schritte sind. Hier werden vielfältige Erfahrungen in Bezug auf die Lebenswelt gemacht.

5) Grafische Darstellungen und Statistik erkennen

Dieser Aspekt ist in der frühen Mathematik zwar nicht so weit verbreitet, aber immer dann, wenn auf dem Geburtstagskalender der Gruppe zu sehen ist, wie viele Kinder beispielsweise im Mai Geburtstag haben, kommt dies dem Erstellen einer Statistik gleich.

6) Raum und Geometrie wahrnehmen

Kinder beginnen schon als Säuglinge, sich im Raum wahrzunehmen, und entwickeln ein immer besseres Verständnis für das Verhältnis von sich zu anderen Dingen, von Tisch zu Stuhl, von Räumlichkeit und Perspektive. Sie entfalten Räumlichkeitsvorstellungen im Zusammenhang mit sprachlichen Äußerungen (über und unter, neben, drin etc.). Geometrische Flächenformen (Dreieck, Kreis, Rechteck, Raute) und Körperformen (Würfel, Zylinder) sind ebenfalls in vielfältigen Zusammenhängen Gegenstand der kindlichen Erlebenswelt. Etwa dann, wenn Kinder Muster legen und mit unterschiedlichen Körpern Türme und Gebäude bauen.

ANHALTENDE UND REGELMÄßIGE INTERAKTIONEN ANBIETEN ...

Die Begleitung und Unterstützung früher mathematischer Bildung findet nicht nur durch die Auswahl geeigneter Spiele, Bilderbücher und Tätigkeiten statt, sondern auch und vor allem durch die Gestaltung der Interaktionen zwischen Erzieher*innen und Kindern. Es ist erwiesen, dass es von besonderer Wichtigkeit ist, über eine gewisse Zeit hinweg mit Kindern über mathematikhaltige Themen zu sprechen und dabei insbesondere die Kinder sprechen und experimentieren zu lassen. Konkret besteht die Aufgabe der Fachkraft also darin, Fragen zu stellen und Beobachtungen anzuregen, die das Interesse der Kinder auf mathematische Aspekte einer Situation lenken und zum Erkunden der Mathematik einladen.
Die Fragestellungen und Anregungen sollten immer das kindliche Tätigwerden und Nachdenken anregen. Es ist daher sinnvoll und wichtig, offene Fragen zu stellen. Fragen, auf die nur eine Ja- oder Nein-Antwort möglich ist, laden nicht zum Erkunden ein. Fragen aber, bei denen die Antwort nicht direkt und eindeutig klar ist, fordern zum Nachdenken auf. Das wiederkehrende Stellen von Fragen, die Aufmerksamkeit wecken und den Blick der Kinder auf den mathematischen Gehalt einer Situation lenken, nennt man Mathematisierung. Passende Fragen sind „Habt ihr gesehen, dass …?", „Habt ihr bemerkt, dass …?". Kinder reagieren mit Neugierde und Staunen und lassen sich so zum Explorieren einladen. Wichtig ist, ihnen dabei die Möglichkeit zu geben, selbstständig ihre Welt zu erkunden.

Die Antworten der Kinder laden oft zum weiteren Erkunden ein. Wenn zwei Kinder verschiedene Lösungen für das gleiche Problem herausbekommen haben, können die Antworten verglichen werden. Wenn sich alle sicher sind, eine Aufgabe sinnvoll bewältigt zu haben, kann nach Alternativen gesucht werden. Und so tauchen Kinder Schritt für Schritt in die faszinierende mathematische Betrachtung der Welt ein.

LITERATUREMPFEHLUNGEN ZUR WEITERBILDUNG NUTZEN …

Die Anregung und Begleitung der Entwicklung mathematischer Kompetenzen von Kindern stellt hohe Anforderungen an die Fachkraft. Leider wird in der Ausbildung an Fach- und Hochschulen der Bildungsbereich Mathematik häufig stiefmütterlich behandelt. Insofern sollte die eigenständige (Weiter-)Qualifizierung nicht aus dem Fokus geraten. Der Austausch über die Entwicklung der Kinder mit dem Team schärft den Blick und kann die Begleitung und Unterstützung der Entwicklung mathematischer Kompetenzen bei Kindern nur verbessern, ebenso die eigene Beobachtung und Dokumentation.
Auf dem Buchmarkt gibt es einige Titel, die sich besonders für eine vertiefende Beschäftigung mit dem Bildungsbereich Mathematik empfehlen:

- Benz, C./Peter-Koop, A./Grüßing, M. (2015): Frühe mathematische Bildung. Mathematiklernen der Drei- bis Achtjährigen. Berlin & Heidelberg: Springer Spektrum.
- Bönig, D./Hering, J./London, M./Nührenbörger, M./Thöne, B. (2017): Erzähl mal Mathe! Mathematiklernen im Kindergartenalltag und am Schulanfang. Seelze/Velber: Klett-Kallmeyer.
- Fthenakis, W. E./Schmitt, A./Daut, M./Eitel, A./Wendell, A. (2008): Natur-Wissen schaffen. Band 2: Frühe mathematische Bildung. Köln: Bildungsverlag Eins.
- Hoenisch, N./Niggemeyer, E. (2015): MatheKings. Junge Kinder fassen Mathematik an. 2. Auflage, Berlin: Was mit Kindern.
- Royar, T./Streit, C. (2010): MATHElino: Kinder begleiten auf mathematischen Entdeckungsreisen. Seelze/Velber: Klett-Kallmeyer.
- Daneben kann es hilfreich sein, sich in Fortbildungen zu qualifizieren. Hinweise auf Fortbildungen finden Sie auf der Website vom „Haus der kleinen Forscher“ (www.haus-der-kleinen-forscher.de) und auf der Website „frühe Mathematik – Institut für Fort- und Weiterbildung“ (www.fruehe-mathematik.de) des Autors dieses Buches.

1 ZAHLWORT UND ZIFFER

Im Alltag treffen Kinder häufig auf Ziffern: auf Nummernschildern, an Häusern, auf Verpackungen. Sie hören immer wieder Zahlworte: „Eins, zwei, drei …" wird gezählt oder eine Fachkraft sagt: „Heute sind wir 13 Kinder." Mit der Zeit nehmen Kinder diese Anregungen auf. Sie beginnen damit, selbst Zahlworte zu sagen, zeigen auf Ziffern und benennen sie: „Schau mal, drei!" Das ist der Anfang, mit zwei wichtigen mathematischen Aspekten die Welt zu erkunden: Auf der einen Seite stehen die Ziffern als Zeichen, auf der anderen die Zahlworte und ihre Reihenfolge; später wird beides miteinander verbunden.
Kinder erfahren, dass die Ziffern 0 bis 9 eigenständige Zeichen sind, und lernen deren Namen: Die Ziffer 0 nennt man „Null", die Ziffer 1 nennt man „Eins" usw. Später kommt hinzu, dass die Kinder auch zwei- oder mehrstellige Zahlen erkennen können. Am Anfang meistens noch als getrennte Ziffern: Die 11 wird erkannt als „Eins, Eins" und im Laufe der Zeit erfahren Kinder dann, dass diese Zahlen wiederum eigene Namen haben. So wird aus 12, benannt als „Eins, Zwei", eine „Zwölf".
Typischerweise beginnen Kinder im Alter von ca. 2 Jahren die aufsteigende Zahlwortreihe zu benennen: „Eins, zwei, drei, vier …". Am Anfang jedoch werden die Zahlworte häufig noch nicht in der richtigen Reihenfolge aufgesagt.
Nach einiger Zeit stellen Kinder fest, dass die Zahlwortreihe nach einer gewissen Systematik gebildet wird. Wenn sie diese sprachliche Struktur noch nicht kennen, erfinden sie häufig eine eigene. Vielleicht sagen sie dann: „Neunundzwanzig, zehnundzwanzig, elfundzwanzig", und meinen damit: „Neunundzwanzig, dreißig, einunddreißig". Diese Entwicklung ist normal. Dabei sind sie sich am Anfang sicher, dass man immer mit eins zu zählen beginnen muss. Später, vielleicht mit 3;6 oder 4;0 Jahren, erfahren sie, dass man auch mit einem anderen Zahlwort starten kann: „Sechs, sieben, acht". Ungefähr zur selben Zeit machen einige Kinder auch die Erfahrung, dass sie die Zahlworte in umgekehrter Reihenfolge aufsagen können: „Drei, zwei, eins". Noch später, häufig erst gegen Ende der Kita- oder zu Beginn der Grundschulzeit, lernen Kinder, dass sie eine genaue Anzahl weiterzählen können, etwa „Zähle von fünf aus drei weiter": „Fünf, sechs, sieben, acht".

LERNZIELE

- Die Ziffern 0 bis 9 erkennen
- von 1 bis 20 zählen
- von 10 bis 0 zählen
- von einer beliebigen Zahl aus weiterzählen

AUFGEPASST

In der Entwicklung der mathematischen Kompetenzen von Kindern ist insbesondere die Verknüpfung von Zahlen und Ziffern mit dem Anzahlkonzept (Mengenkonzept) von großer Wichtigkeit. Dies wird in den folgenden Abschnitten näher dargestellt. Im Bildungsprogramm von Hessen klingt dies beispielsweise so: „Von besonderer Bedeutung sind dabei das Mengenverständnis und damit verbunden die Zahlen- und Zählkompetenz des Kindes" (S. 75)

FÜR SIE IN DEN BILDUNGSPLAN GESCHAUT

Berlin: Im Bildungsbereich Kommunikation geht es u. a. darum, dass die „Kinder [...] mit Zeichen unterschiedlichster Art [aufwachsen]: Piktogramme, [...] Hausnummern, Autokennzeichen [...] enthalten Buchstaben, Zahlen, geometrische Formen mit bestimmter objektiver oder symbolischer Bedeutung. Es erfordert Erfahrung und Hintergrundwissen, um sie zu ‚lesen'" (S. 102). Die Verbindung zwischen Mathematik und dem Bildungsbereich soziales und kulturelles Leben wird unter anderem dadurch hergestellt, „unterschiedliche [...] Ziffern sichtbar [zu] machen" (S. 138).
Hamburg: „Aufgabe der Erzieherinnen und Erzieher im Alltag der Kita, z. B.: [...] Bekannt machen mit Zahlen und Symbolen in der für das Kind relevanten Wohnumgebung wie Hausnummer, Telefonnummer, Stockwerk, Buslinien, Preisschilder, Autonummer, Straßennetz. Erzählen von Geschichten, die einen Zahlenrhythmus in sich tragen; Abzählreime und Verse" (S. 90).
Sachsen-Anhalt: „Kinder merken, dass Zahlen im Leben der Erwachsenen von großer Bedeutung sind, da sie im Alltag überall auftauchen, wie z. B. an Häusern, auf Geldscheinen oder Autokennzeichen und auch sprachlich immer wieder verwendet werden. Ohne den symbolischen Wert der Zahlen zu begreifen, begleiten Kinder das Treppensteigen, das Sammeln von Kieselsteinen und das Austeilen von Esslöffeln mit dem Aufsagen von Zahlen" (S. 134).

IMPULSE

1 Wie heißt diese Zahl?

Mathematischer Lernbereich: Kinder lernen die Ziffern und die Zahlworte kennen und beginnen, beides miteinander zu verbinden.
Material: Ziffernkarten mit den Ziffern 0–9
Alter: ab ca. 3;0 Jahre
Gruppengröße: beliebig
Kurzbeschreibung: Die Fachkraft zeigt eine Ziffer und bespricht zunächst mit den Kindern, wie sie heißt. In einem zweiten Schritt können die Ziffern in die richtige Reihenfolge gebracht werden.

2 Mein rechter, rechter Platz ist leer, ich wünsche mir ... her!

Mathematischer Lernbereich: Kinder vertiefen ihre Kenntnisse der Zahlworte null bis neun, der Ziffern 0–9 und die Verbindung von Zahlwort und Ziffer. Außerdem unterscheiden sie im Bereich Raumwahrnehmung zwischen rechts und links.
Material für eine kleine Gruppe/eine größere Gruppe: Ziffernkarten mit den Ziffern 0–5/Ziffernkarten mit den Ziffern 0–9
Alter der kleinen Gruppe/der größeren Gruppe: ab ca. 3;6 Jahre/ab ca. 5;0 Jahre
Gruppengröße der kleinen Gruppe/der größeren Gruppe: bis zu 6 Kinder/bis zu 11 Kinder
Kurzbeschreibung: Die Kinder und die Fachkraft sitzen im Stuhlkreis. Die Fachkraft zeigt den Kindern die einzelnen Ziffern und klärt, ob das jeweilige Zahlwort der Ziffern bekannt ist. Hierfür zeigt sie eine Ziffer und fragt: „Wie heißt diese Zahl?"

Nachdem abgesichert ist, dass die Kinder die Ziffer-Zahlwort-Verbindungen im Prinzip kennen, wird die Regel von „Mein rechter, rechter Platz ist leer, ich wünsche mir … her" geklärt: Es gibt einen Stuhl mehr, als Kinder im Stuhlkreis sind, und jedes Kind bekommt eine Ziffernkarte. Das Kind, auf dessen rechter Seite ein Stuhl frei ist, sagt: „Mein rechter, rechter Platz ist leer, ich wünsche mir die 3 her." Das Kind mit der 3 wechselt den Platz. Nun ist das nächste Kind an der Reihe.
Bei jüngeren Kindern sollte nur mit den Ziffern 0–5 gespielt werden. Dadurch ist die Gruppengröße auf höchstens sechs Kinder begrenzt.
Bei älteren Kindern kann eine Erweiterung bis 9 stattfinden, wodurch eine Begrenzung auf höchstens elf Kinder vorliegt.
Achtung: Bei den Ziffern 6 und 9 ist darauf zu achten, dass die Kinder erkennen können, welche Ziffer gemeint ist.

3 Drei, drei, wechsle den Platz

Mathematischer Lernbereich: Kinder vertiefen ihre Kenntnisse der Zahlworte null bis neun, der Ziffern 0–9 und die Verbindung von Zahlwort und Ziffer.
Material: Ziffernkarten mit den Ziffern 0–9, jede Ziffer wird zweimal benötigt (d. h. zweimal 0, zweimal 1 etc.). Die Gesamtzahl der Ziffernkarten ergibt sich damit aus der Anzahl der Kinder.
Alter: ab ca. 4;6 Jahre
Gruppengröße: ca. 10–15 Kinder
Kurzbeschreibung: Die Kinder und die Fachkraft sitzen im Stuhlkreis. Die Fachkraft zeigt den Kindern die einzelnen Ziffern und klärt, ob das jeweilige Zahlwort der Ziffern bekannt ist: Sie zeigt eine Ziffer und fragt „Wie heißt diese Zahl?". Nachdem abgesichert ist, dass die Kinder die Ziffer-Zahlwort-Verbindungen kennen, wird die Regel von „Drei, drei, wechsle den Platz" geklärt: Jedes Kind hat eine Ziffernkarte, wobei es jede Karte zwei Mal gibt. Jetzt ruft ein Kind: „Drei, drei, wechsle den Platz", wobei „Drei" auch eine beliebige andere Zahl sein kann. Die beiden Kinder mit der Karte mit der Ziffer 3 springen auf und wechseln den Platz. Anschließend ist ein anderes Kind dran.
Bei jüngeren Kindern sollte nur mit den Ziffern 0–5 gespielt werden. Dadurch ist die Gruppengröße auf höchstens zwölf Kinder begrenzt. Bei älteren Kindern kann eine Erweiterung bis 9 stattfinden, wodurch eine Begrenzung auf höchstens 20 Kinder vorliegt.
Achtung: Bei den Ziffern 6 und 9 ist darauf zu achten, dass die Kinder erkennen können, welche Ziffer gemeint ist.

4 Tausch den Platz

Mathematischer Lernbereich: Kinder vertiefen ihre Kenntnisse der Zahlworte null bis neun, der Ziffern 0–9 und die Verbindung von Zahlwort und Ziffer.
Material: Ziffernkarten mit den Ziffern 0–9, jede Ziffer wird dreimal benötigt (d. h. dreimal 0, dreimal 1 etc.). Die Gesamtzahl der Ziffernkarten ergibt sich damit aus der Anzahl der Kinder.
Alter: ab ca. 4;0 Jahre
Gruppengröße: mind. 10 Kinder
Kurzbeschreibung: Jedes Kind bekommt eine Ziffer auf das T-Shirt geklebt, jede Ziffer kommt drei Mal vor. Es gibt einen Stuhl weniger als Kinder, sodass ein Kind in der Mitte steht. Die Fachkraft zeigt den Kindern die einzelnen Ziffern und klärt, ob das jeweilige Zahlwort der Ziffern bekannt ist: Sie zeigt eine Ziffer und fragt „Wie heißt diese Zahl?". Nachdem abgesichert ist, dass die Kinder die Ziffer-Zahlwort-Verbindungen kennen, wird die Regel von „Tausch den Platz" geklärt. Ein Kind sagt beispielsweise: „Vier, tausch den Platz". Jetzt müssen die drei Kinder mit der 4 den Platz tauschen. Das Kind in der Mitte versucht auch, einen Sitzplatz zu ergattern. Nachdem die Kinder ihren

Sitzplatz gefunden haben, ruft ein anderes Kind: „Zwei, tausch den Platz."

Achtung: Bei den Ziffern 6 und 9 ist darauf zu achten, dass die Kinder erkennen können, welche Ziffer gemeint ist.

5 Bewegte Ziffern

Mathematischer Lernbereich: Kinder lernen und vertiefen die Verbindung zwischen Ziffer und Zahlwort. Im Bereich der Motorik kommen die Bewegung und Orientierung im Raum, Koordination, Wahrnehmung der Gruppe und Sozialverhalten hinzu.

Material: Bodenfliesen mit aufgemalten Ziffern 0–9, die einzelnen Ziffern können mehrfach vorkommen

Verknüpfter Bildungsbereich: Bewegung

Alter: ab 4;0 Jahre

Gruppengröße: beliebig

Kurzbeschreibung: Jedes Kind bekommt zwei Bodenfliesen. Zunächst benennt jedes Kind seine Ziffern. Wenn nötig, dürfen die anderen Kinder dabei helfen. Danach darf jedes Kind seine zwei Bodenfliesen an einer beliebigen Stelle im Raum ablegen.

Aufgaben:

- „Jedes Kind sucht sich mal die Ziffer (Zahl) … und stellt sich daneben."
- „Versucht mal, von einer Seite auf die andere zu gehen/zu springen, und berührt dabei nur die Bodenfliesen mit der Ziffer …"
- „Welches ist denn deine Lieblingszahl? Wo siehst du sie?"
- „Wie alt bist du? Findest du die entsprechende Ziffer?"

Erweiterung(en):

- Alle Kinder bewegen sich durch den Raum. Auf ein Signal hin (z. B. Trommelschlag, Anhalten von Musik) bleiben alle stehen. Fragen: „Welche Ziffer (Zahl) liegt vor deinen Füßen?", „Welche Ziffer (Zahl) liegt rechts von dir?", „Welche Ziffer (Zahl) liegt links von dir?", „Welche Ziffer (Zahl) liegt hinter dir?"
- „Lauft über die Bodenfliesen und sagt immer die jeweilige Ziffer (Zahl), über die ihr gerade geht!"
- Ein Kind läuft über die Bodenfliesen. Die anderen sagen laut die jeweilige Ziffer (Zahl), über die es gerade geht.
- Zum Aufräumen: Jedes Kind bekommt eine Zahl genannt und soll nun alle Bodenfliesen mit der entsprechenden Ziffer einsammeln.

6 Die Ziffernwand

Mathematischer Lernbereich: Kinder befassen sich vertieft mit den Ziffern und lernen auch deren kulturelle Komponente kennen. Deutlich wird, dass die Ziffern ihrem Wesen nach Zeichen sind und durch andere Zeichen ersetzt werden können.

Material: Ziffernkarten mit den Ziffern 0–9, gerne auch historisch gebräuchliche, heute nicht mehr genutzte Ziffern (z. B. die der Römer, Griechen, Maya etc.) oder aktuell genutzte, bei uns aber nicht gebräuchliche Ziffern (z. B. chinesische Ziffernzeichen)

Verknüpfter Bildungsbereich: Kunst, Raumgestaltung

Alter: ab 3;0 Jahre

Gruppengröße: beliebig

Kurzbeschreibung: Prototypen verschiedener Ziffern zusammenstellen. Die Kinder malen, basteln, kleben diese nach und gestalten damit Plakate zu den jeweiligen Ziffern. Anregung: Die Ergebnisse können als Ausstellung aufbereitet und in der Kita präsentiert werden.

Achtung: Auch wenn es hier zunächst nur um die die Verbindung von Ziffer und Zahlwort geht, sollte auch schon ein weiterer Aspekt bedacht werden: Die Ziffern stehen als Zahlen immer auch für eine Anzahl. Die Drei repräsentiert drei Dinge. Es sollten also auf der Ziffernwand auch Anzahl-Repräsentationen vorkommen. Beispielsweise zwei Hände, bei denen dann immer der jeweiligen Ziffer entsprechend viele Finger ausgestreckt dargestellt werden.

7 Die wunderbare Drei

Mathematischer Lernbereich: Kinder befassen sich vertieft mit den Formen der Ziffern und lernen sie näher kennen.
Material: beliebiges Bastelmaterial, Ziffernkarten
Verknüpfter Bildungsbereich: Kunst
Alter: ab 3;0 Jahre
Gruppengröße: beliebig
Kurzbeschreibung: Die Kinder suchen sich eine Ziffer aus, bauen diese aus verschiedenen Materialien – beispielsweise Toilettenpapierrollen – nach und malen sie an. Anregung: Die Ergebnisse können als Ausstellung aufbereitet und in der Kita präsentiert werden.

8 Ziffern-Zahlwort-Plakat

Mathematischer Lernbereich: Verknüpfung der Ziffern mit ihrem geschriebenen Namen; wobei sich dies tendenziell eher an die Eltern richtet bzw. Interesse an Schriftsprache wecken soll. Hierbei ist es sehr sinnvoll, die Zahlennamen verschiedener Sprachen mit einzubeziehen, um so die Repräsentanz der verschiedenen Muttersprachen in der Kindertagesstätte zu erhöhen.
Material: je nach Interesse und Bedarf
Verknüpfter Bildungsbereich: Sprache, Interkulturalität
Alter: 5;0 bis 6;0 Jahre
Gruppengröße: beliebig
Kurzbeschreibung: Eine Ziffer von 0–9 wird auf ein großes Blatt Papier gemalt. Nun wird das Zahlwort der Ziffer in möglichst vielen verschiedenen Sprachen auf das Blatt geschrieben.
Anregung: Die Ergebnisse können als Ausstellung aufbereitet und in der Kita präsentiert werden.
Achtung: Auch wenn es hier zunächst nur um die die Verbindung von Ziffer und Zahlwort geht, sollte auch ein weiterer Aspekt bedacht werden: Die Ziffern stehen als Zahlen immer auch für eine Anzahl. Die Drei repräsentiert drei Dinge. Auf den Ziffern-Zahlwort-Plakaten sollten daher auch Anzahl-Repräsentationen vorkommen. Beispielsweise zwei Hände, bei denen dann immer der jeweiligen Ziffer entsprechend viele Finger ausgestreckt dargestellt werden.

9 Ziffernkreuz

Mathematischer Lernbereich: Kinder lernen die Reihenfolge der Ziffern kennen und vertiefen ihre Kenntnisse in diesem Bereich.
Material: Ziffern- bzw. Zahlenkarten mit den Ziffern bzw. Zahlen 0–10, jede Ziffer bzw. Zahl wird zweimal benötigt, die 5 nur einmal
Alter: 5;0 bis 6;0 Jahre
Gruppengröße: 2 oder 4 Kinder
Kurzbeschreibung: Die 5 wird in die Mitte gelegt. Die restlichen Ziffernkarten werden gemischt und vor jedem Kind bzw. jeder Kindergruppe als Stapel offen hingelegt. Dann werden zwei Ziffernreihen gelegt, die ein Kreuz bilden. An die 5 kann in zwei Richtungen die absteigende Reihe (4, 3, 2, 1, 0) und in zwei Richtungen die aufsteigende Reihe (6, 7, 8, 9, 10) angelegt werden. Das Kind überprüft, ob die auf seinem Stapel vor ihm liegende Karte angelegt werden kann. Passt sie nirgendwo, wird sie unter den eigenen Stapel gelegt. Nun ist das andere Kind dran. Gewonnen hat, wer zuerst keine Karten mehr hat.
Erweiterung: Zur Einführung oder bei Kindern, die sich noch nicht so intensiv mit der Reihenfolge der Zahlen befasst haben, können die Ziffernkarten zunächst alle offen hingelegt werden. Ziel ist es, gemeinsam das Ziffernkreuz zu bilden.

10 Ziffernstechen

Mathematischer Lernbereich: Kinder setzen sich vertieft mit der Reihenfolge der Zahlen auseinander.
Material: Ziffernkarten mit den Ziffern 0–9, jede Ziffer wird zweimal benötigt
Alter: 5;0 bis 6;0 Jahre
Gruppengröße: 2 Kinder
Kurzbeschreibung: Es werden zwei Ziffernsätze gebildet. Jeder Ziffernsatz besteht aus den Ziffern 0–9. Diese werden nun gut gemischt. Jedes Kind erhält einen Ziffernsatz. Beide Kinder decken jeweils eine Karte auf. Das Kind mit der „höheren" Zahl erhält beide Karten und legt sie vor sich. Decken beide Kinder die gleiche Ziffer auf, legen sie sie unter ihren Ziffernstapel. Das Spiel ist beendet, wenn alle Karten abgelegt wurden. Gewonnen hat das Kind mit den meisten gewonnenen Ziffernkarten.

2 ABZÄHLEN UND AUSZÄHLEN

Im Alter von ca. 2;0 Jahren beginnen Kinder, die Zahlworte von eins bis zehn zu benennen. Damit eignen sie sich mathematische Kompetenzen auf der sprachlichen Ebene an. Etwas später dann fällt ihnen auf, dass die Zahlworte nicht nur eine Reihenfolge haben, sondern diese sich auch für eine wichtige weitere Sache benutzen lassen: Man kann herausbekommen, wie viele Dinge es gibt, etwa wie viele Finger an einer Hand sind. Häufig ändert sich nun der Fokus, die Kinder zählen nicht mehr bis 10, 20 oder 30, sondern vielleicht nur noch bis 3 oder 4. Von manch Erwachsenem wird das als Rückschritt verstanden. In Wahrheit jedoch ist es ein in der kindlichen Entwicklung riesengroßer Schritt nach vorn und sollte auf jeden Fall unterstützt werden. Denn erst jetzt wird es interessant: Die Zahlworte bekommen einen mathematischen Gehalt.

„Abzählen" und „Auszählen" bezeichnet die Tätigkeit, die Anzahl von Dingen zu bestimmen. Das Abzählen ermittelt die Gesamtheit der Dinge und antwortet beispielsweise auf die Frage: „Wie viele Teller stehen auf dem Tisch?" Beim Auszählen wird aus einer Gesamtmenge eine bestimmte Teilmenge herausgelöst: „Gib mir drei Löffel."

In beiden Fällen werden die in der Einleitung aufgeführten fünf Zählprinzipien angewandt:

1) Es gibt eine Eins-zu-eins-Zuordnung zwischen Zahlwort und zu zählendem Ding.
2) Die Anordnung der zu zählenden Dinge ist für ihre Anzahl gleichgültig.
3) Die Zahlworte haben eine eindeutige und immer feststehende Reihenfolge.
4) Das Anzahlprinzip (Kardinalzahlprinzip) bedeutet, dass das gerade genannte Zahlwort die Anzahl der bisher gezählten Dinge angibt.
5) Diese vier Regeln gelten für alle Dinge.

Der Unterschied zwischen Zählen (das Benennen der aufsteigenden Zahlwortreihe 1, 2, 3 …) und Abzählen (das Ermitteln der Anzahl von Dingen, etwa 1 Apfel, 2 Äpfel, 3 Äpfel …) ist von besonderer Bedeutung. Dabei lernen Kinder recht früh, dass es einen Zusammenhang zwischen dem Aufsagen der Zahlwortreihe und einer Zeigehandlung gibt. Die Eins-zu-eins-Zuordnung zwischen Zahlwort und Zähl-Gegenstand ist aber nicht von Anfang an vorhanden, sie muss mit den Kindern ausreichend erarbeitet werden.

Beim Abzählen ergibt sich manchmal ein typisches Missverständnis: Beim Weiterzählen wird das schon gezählte Ding nochmals gezählt. Dies zeigt sich beispielsweise beim Mensch-ärgere-dich-nicht-Spielen: Ein Kind würfelt eine Drei, zieht seine Spielfigur aber nur zwei Felder weiter, weil es das Feld, auf dem die Figur stand, mitzählte. Hier muss das Kind verstehen lernen, dass die Schritte wichtig sind und nicht die Felder.

LERNZIELE

- Die Eins-zu-eins-Zuordnung beim Ab- und Auszählen sicher anwenden
- Das Kardinalzahlprinzip des Ab und Auszählens bis ca. fünf Dinge sicher verinnerlicht haben

AUFGEPASST

Beginnen Kinder, Dinge zu zählen, stellen sie eine Eins-zu-eins-Zuordnung zwischen Zahlwort und Zähl-Ding her. Am Anfang fokussieren sie dabei häufig den Rangplatzaspekt (Ordinalzahl), den Anzahlaspekt (Kardinalzahl) der Zahlen nehmen sie oft erst später in den Blick. Deutlich wird das am Beispiel des Fingerzählens: Sie beginnen beim ersten Finger, dem Daumen, und sagen: „eins". Dann kommt der zweite Finger, der Zeigefinger: „zwei". Anschließend der dritte, der Mittelfinger: „drei", der vierte, der Ringfinger: „vier", und der fünfte, der kleine Finger: „fünf". Sie ordnen also hier das Zahlwort einem bestimmten Finger zu. Gerade der hier vernachlässigte Anzahlaspekt ist aber von entscheidender Bedeutung: Das jeweilige Zahlwort gibt nicht an, welcher Finger gezählt wurde, sondern wie viele Finger. Das Zahlwort „zwei" steht nicht nur für den Zeigefinger, sondern für die beiden schon gezählten Finger Daumen und Zeigefinger. Es ist wichtig, die Kinder dabei zu unterstützen, den Anzahlgedanken der Zahlworte zu verinnerlichen.

FÜR SIE IN DEN BILDUNGSPLAN GESCHAUT

Bayern: „Kinder finden den Umgang mit Zahlen und das Zählenkönnen höchst attraktiv. Zählenkönnen ist eine grundlegende mathematische Kompetenz. In den Vorschuljahren entwickeln Kinder (unbewusste) Vorstellungen zum Zählen, die auf fünf Prinzipien beruhen: die Eins-zu-eins-Zuordnung (jedes gezählte Objekt mit nur einem Zahlwort belegen), das Prinzip der stabilen Ordnung (Objekte in der Reihenfolge der Zahlwörter zählen), das Kardinalsprinzip (das letzte Zahlwort in einer gezählten Reihe gibt die Objektanzahl an), das Abstraktionsprinzip (es können alle Arten von Objekten wie Birnen oder Äpfel zusammengefasst und gezählt werden, man kann alle Bereiche, in denen Einheiten vorkommen wie Gegenstände, Schritte oder Töne, zählen), das Prinzip der irrelevanten Ordnung (die zu zählenden Objekte können in jeder beliebigen Reihenfolge angeordnet werden, und man kann bei jedem beliebigen Objekt zu zählen beginnen, solange die anderen Prinzipien des Zählens eingehalten werden). Kinder lernen mit dem Zählen erfinderisch und kreativ umzugehen, wenn ihr Bewusstsein für diese Prinzipien und das Verständnis für deren Bedeutung geschärft wird" (S. 245–246).

Brandenburg: „Die Mathematik macht sich ein Kind zu eigen, indem es beispielsweise Bausteine nach Farbe, Form oder Größe sortiert, in eine Reihe legt und abzählt. Darauf aufbauend bildet sich eine Vorstellung der Mengen und Größen, die zunächst jedoch noch ‚fehlerhaft' ist. Zum Beispiel wird ein Kleinkind aus zwei Reihen Bonbons, die es vor sich liegen hat und von denen eine weiter auseinander gezogen ist, wahrscheinlich schließen, dass in der längeren Reihe mehr Bonbons liegen, auch wenn dies in Wirklichkeit bei der kürzeren, aber dichteren Reihe der Fall ist. Doch dann geschieht etwas Entscheidendes. Das Kind lernt, dass sich die Reihe der Zahlennamen auf Reihen von Gegenständen übertragen lässt. Indem es auf einen einzelnen Gegenstand deutet und den ersten Namen dazu spricht und diesen Prozess mit dem jeweils nächsten Zahlwort wiederholt, kann es die Anzahl der Gegenstände bestimmen. Der erste Gegenstand heißt ‚Eins', der zweite ‚Zwei' und so weiter. Das vier- oder fünfjährige Kind hat begriffen, dass die letzte Zahl in dieser verbalen Aufzählung zugleich die Summe der Gegenstände in einer Reihe ist" (S. 24–25).

IMPULSE

1 Atomspiel

Mathematischer Lernbereich: Kinder erlernen und vertiefen die Verbindung von Zahlwort und Anzahl.
Material: 1 großer Schaumstoffwürfel, mehrere Ringe oder Seile, die zu einem Kreis zusammengelegt werden können. Alternativ draußen: mit Kreide gemalte Kreise
Verknüpfter Bildungsbereich: Bewegung
Alter: ab 4;6 Jahre
Gruppengröße: mind. 10 Kinder
Kurzbeschreibung: Es wird gewürfelt. Jetzt werden die Punkte gemeinsam gezählt. Im Anschluss stellen sich immer so viele Kinder zusammen in einen Kreis, wie Punkte gewürfelt wurden. Es folgt ein gemeinsames Abzählen der Kinder in jeder Gruppe.
Achtung: Nachdem die Kinder die Anzahl bestimmt haben, wird noch mal gefragt: „Wie viele Kinder sind in einer Gruppe insgesamt (zusammen)?" Dazu wird die Gruppe von der Fachkraft gestisch umfahren. Falls ein Kind nochmals anfängt zu zählen, fragt die Fachkraft, ob es wirklich zählen muss.

2 Tischdecken

Mathematischer Lernbereich: Kinder lernen und vertiefen das Abzählen und erfassen den mathematischen Gehalt von Alltagssituationen.
Material: --
Alter: ab ca. 4;0 Jahre
Gruppengröße: ganze Gruppe
Kurzbeschreibung: Vor dem Essen wird der Tisch gedeckt mit der spannenden Frage: „Wie viele Teller/Tassen/Messer/Löffel ... brauchen wir?" Um das herauszufinden, bietet sich die Frage an: „Wie viele Kinder wollen heute zu Mittag essen?" Anschließend werden die Kinder durchgezählt. Es schließt sich die wichtige Frage an: „Wie viele Kinder sind es insgesamt?" Hier wird die letztgenannte Zahl wiederholt, weil diese die Anzahl der Kinder angibt. Anschließend wird gefragt: „Wie viele Teller brauchen wir, damit jedes Kind einen bekommt?"
Anregung: Es hat sich als hilfreich erwiesen, wenn es pro Tisch ein Schild oder einen Aufsteller gibt, auf dem die Anzahl der am Tisch sitzenden Kinder angegeben ist. Am sinnvollsten ist es, wenn auf dem Schild oder Aufsteller die Anzahl sowohl in Ziffernform als auch in Punktbild-Anordnung (den Würfelpunktbildern entsprechend) zu sehen ist.

3 Familien bilden

Mathematischer Lernbereich: Kinder lernen und vertiefen das Abzählen.
Material: verschiedene Figuren (Tiere, Männchen etc.)
Alter: ab ca. 3;0 Jahre
Gruppengröße: 2–4 Kinder
Kurzbeschreibung: Jedes Kind darf eine Familie gründen. Es legt Mutter, Vater, Kind oder was auch immer es möchte, vor sich. Alternativ legt es die Figuren so vor sich, wie sie seiner Familie entsprechen. Nun kann man schauen: Wie viele Figuren sind es insgesamt? Wie viele davon sind Eltern? Wie viele Kinder? Anschließend lassen sich die Familien vergleichen: Wo sind mehr Familienmitglieder, wo sind weniger?

4 Finger, Hände etc. abzählen

Mathematischer Lernbereich: Kinder üben das Abzählen und Bestimmen der Anzahl von Körperteilen.
Material: --
Alter: ab ca. 2;6 Jahre
Gruppengröße: 5–7 Kinder
Kurzbeschreibung: „Wir betrachten unseren eigenen Körper. Schau auf deine Hände. Wie viele hast du? Wie viele Hände hat dein*e Nachbar*in? Wie viele Finger sind an einer Hand? Und wie viele Finger sind an der anderen Hand? Was passiert, wenn du woanders anfängst, die Finger zu zählen? Wie viele Finger sind an der Hand deines Nachbarn, deiner Nachbarin? Wie viele Arme hast du? Wie viele Arme hat dein*e Nachbar*in?"

5 Kinder im Morgenkreis zählen

Mathematischer Lernbereich: Kinder lernen die Zahlwortreihe, fokussieren die Eins-zu-eins-Zuordnung und bestimmen die Anzahl.
Material: --
Alter: ab ca. 3;0 Jahre
Gruppengröße: beliebig
Kurzbeschreibung: Wenn die Kinder das erste Mal im Morgenkreis gezählt werden, sollte die Fachkraft die Kinder einzeln laut zählen, dabei jeweils pro Zahlwort auf ein Kind zeigen und im Anschluss fragen: „Wie viele Kinder sind heute da?" Die letztgenannte Zahl ist dann die Antwort darauf.
Nach einer gewissen Übung können ältere Kinder das Zählen übernehmen. Dann kann es passieren, dass das zählende Kind einige Kinder in der Gruppe auslässt oder doppelt zählt. Am Anfang wird es sich vermutlich nicht selbst mitzählen. Hier kann gemeinsam die Eins-zu-eins-Zuordnung erarbeitet werden. Nachdem das Kind alle Kinder im Morgenkreis gezählt hat, fragt die Fachkraft noch einmal, indem sie den Kreis gestisch umfährt: „Wie viele Kinder sind wir zusammen?" Die Kinder sollen dann die letztgenannte Zahl als Antwort geben.
Achtung: Gerade für jüngere Kinder ist die Anzahl der Kinder im Morgenkreis nicht zu überblicken. Sie lernen hierbei zwar die Zahlwortreihe, unter Umständen auch das Prinzip der Eins-zu-eins-Zuordnung, aber das wichtige Kardinalzahlprinzip (das jeweils gesagte Zahlwort benennt die Gesamtheit der gezählten Dinge) kann noch nicht verinnerlicht werden. Für jüngere Kinder bietet sich eher der folgende Vorschlag an.

6 Kleinere Gruppen im Morgenkreis bilden und zählen

Mathematischer Lernbereich: Kinder lernen die Zahlwortreihe, befassen sich mit der Eins-zu-eins-Zuordnung und setzen sich vertieft mit dem Kardinalzahlprinzip auseinander.
Material: präparierter Schaumstoffwürfel mit geänderten Punktbildern: zwei Flächen weisen 1 Punkt, zwei Flächen 2 Punkte und zwei Flächen 3 Punkte auf
Alter: ab ca. 3;0 Jahre
Gruppengröße: bis ca. 15 Kinder
Kurzbeschreibung: Die Fachkraft bespricht mit den Kindern den Würfel und die abgebildeten Punkte. Sie würfelt, zählt laut gemeinsam mit den Kindern die Punkte und zeigt darauf: „Eins, zwei, drei." Im Anschluss wiederholt sie: „Es sind zusammen drei Punkte", und umfährt die drei Punkte mit der Hand. Anschließend stellen sich immer drei Kinder zusammen. Die Fachkraft geht von Gruppe zu Gruppe und fragt immer: „Wer ist alles in dieser Gruppe?" Nachdem die Kinder ihren Namen gesagt haben, fragt sie: „Und wie viele seid ihr zusammen?" Woraufhin die Kinder entweder direkt sagen können: „Wir sind drei Kinder", oder aber gemeinsam die Kinder der Gruppe gezählt werden. Usw.

Achtung: Kinder im Alter von ca. 2;6 bis 3;0 Jahren sollten in der Lage sein, eine Gruppe mit bis zu drei Kindern zu erfassen. Typischerweise im Alter von 3;0 bis 4;0 Jahre können Kinder eine Gruppe mit vier Kindern erfassen und spätestens ab 5;0 Jahre sollten Kinder eine Gruppe mit ca. 5 Kindern erfassen können. Größere Gruppen sind ungeeignet, um die Anzahl zu erfassen.

7 Bewegungswürfel

Mathematischer Lernbereich: Kinder vertiefen das Zählen von Punktbildern auf Würfeln bzw. ihre Fähigkeiten der Simultanerfassung. Sie übertragen die ermittelte Anzahl auf Bewegungen.
Material: 2 Würfel; auf einem Würfel sind die Würfelpunktbilder abgebildet, auf dem anderen Würfel sind Bilder mit Bewegungsanweisungen
Alter: ab 3;0 Jahre
Gruppengröße: 5–20 Kinder
Kurzbeschreibung: Die Kinder würfeln mit beiden Würfeln. Die erwürfelte Bewegung wird nun so oft ausgeführt, wie die Augenzahl auf dem anderen Würfel zeigt.
Variationen:

1) Die Kinder denken sich eine beliebige Bewegung aus. Jetzt würfeln sie nur mit dem Punktbilder-Würfel und führen ihre eigene Bewegung so oft aus, wie das Würfelbild zeigt.
2) Die Erzieherin klopft mit Klanghölzern eine beliebige Anzahl. Alle anderen müssen diese erkennen und dann eine vorher vereinbarte Bewegung entsprechend oft ausführen.

8 Anklammern

Mathematischer Lernbereich: Das Abzählen von Elementen und damit auch der Kardinalzahlaspekt (Anzahlaspekt) werden behandelt; hinzu tritt der Mengenvergleich. Unter Bewegungsaspekten wird die Auge-Hand-Koordination gefördert.
Material: 1–2 Wäscheklammern pro Kind
Alter: ab 3;0 Jahre
Gruppengröße: 5–10 Kinder
Kurzbeschreibung: Jedes Kind bekommt zu Beginn des Spiels ein oder zwei Wäscheklammern. Auf ein Startsignal bewegen sich alle beliebig durch den Raum und versuchen, ihre Klammern irgendwo an der Kleidung (am Ärmel oder dem Rücken) ihrer Mitspieler*innen anzuklammern. Ziel des Spiels ist es, am Ende keine Klammern an sich zu tragen. Nach 3 Minuten werden die Klammern an der Kleidung jedes Kindes einzeln gezählt.
Variation: Jedes Gruppenmitglied hat eine Klammer beliebig an seiner Kleidung befestigt. Nun versuchen die Kinder, die Klammern ihrer Gruppenmitglieder zu fangen und an ihrer eigenen Kleidung anzubringen. Wer hat am Ende des Spiels (3 Minuten) die meisten Klammern?

9 Zähl- und Springspiel

Mathematischer Lernbereich: Kinder zählen die Punktbilder eines Würfels, benennen die entsprechende Zahl und übertragen diese Zahl auf Handlungen. Sie setzen sich mit dem Anzahlaspekt (Kardinalzahlaspekt) auseinander, indem sie Dinge zunächst sammeln und dann zählen, wie viele sie davon haben. Darüber hinaus vergleichen sie zwei Mengen unter dem Gesichtspunkt von mehr, weniger oder gleich. Es gibt verschiedene Möglichkeiten des Anzahlvergleichs: Die Mengen können gezählt werden. Oder es kann eine Eins-zu-eins-Zuordnung hergestellt werden. Außerdem werden Momente taktischer Planung aufgenommen.
Material: 1 großer Würfel, Straßenmalkreide, großer Platz im Freien, verschiedene Gegenstände (z. B. Kastanien, Steine, Muscheln)
Alter: ab 4;0 Jahre
Gruppengröße: 4–7 Kinder
Kurzbeschreibung: Auf den Boden wird ein Spielfeld gemalt. In einzelnen Spielfeldern liegen kleine Gegenstände. Zwei Kinder stehen mit Sammelbehältern auf dem Spielfeld. Ein weiteres Kind würfelt mit einem großen Würfel und sagt die Augenzahl laut an. Die beiden Kinder im Spielfeld dürfen nun dieser Augenzahl entsprechend viele Felder weiter springen. Dabei dürfen sie aber keines der Felder zweimal benutzen und es darf kein Feld übersprungen werden. Wenn sie mit dem letzten Sprung in einem Feld mit einem Gegenstand landen, so dürfen sie diesen aufnehmen und in ihren Sammelbehälter tun. Ziel ist es, so viele Gegenstände wie möglich einzusammeln. Wer hat am Spielende die meisten Gegenstände gesammelt?

Variationen:

1) Die Kinder auf dem Spielfeld sind immer im Wechsel bei jedem zweiten Wurf dran.
2) Anfänglich dürfen sie auch diagonal springen. Für erhöhten Schwierigkeitsgrad dürfen sie später nur noch gerade, nach rechts oder links springen.
3) Es gibt Felder, auf denen mehr als nur ein Gegenstand liegt; alle dürfen auf einmal aufgenommen werden.
4) Es gibt auch Felder, bei denen wieder ein Gegenstand zurückgelegt werden muss.

10 Bewegungs-Anzahl-Würfel

Mathematischer Lernbereich: Kinder üben das Abzählen und Bestimmen der Anzahl von Körperteilen.
Material: 1 Schaumstoffwürfel mit Punktbildern, 1 Schaumstoffwürfel mit Bewegungen
Verknüpfter Bildungsbereich: Bewegung
Alter: ab ca. 3;6 Jahre
Gruppengröße: ab 5 Kinder
Kurzbeschreibung: Die Fachkraft würfelt mit dem Bewegungs- und dem Punktbildwürfel. Es wird erst geprüft, welche Bewegung gemacht werden soll, beispielsweise hüpfen. Nun wird gemeinsam gezählt, wie viele Punkte auf dem Würfel sind. Dabei zeigt die Fachkraft jeweils auf die Punkte: „Eins, zwei, drei, vier. Es sind insgesamt vier Punkte", wobei sie mit ihrem Finger die Punkte umfährt. Es schließt sich die Frage an: „Wie oft dürfen wir hüpfen?" Und die Kinder sollen mit dem Resultat des Zählprozesses antworten.

3 MENGEN UND ANZAHLEN BILDEN UND ZERLEGEN

Die Welt mit der Brille der Mathematik zu betrachten, bedeutet auch, ihre Strukturen zu erkennen. Eine dieser Strukturen ist die Zusammenfassbarkeit von Dingen. Beispiel: Die meist runden, flachen Gegenstände, auf denen sich Speisen anrichten lassen, können als „Teller" zusammengefasst werden. Und alle Teller, Tassen und Untertassen bilden „Geschirr". Das Geschirr als Gesamtmenge besteht also aus den Teilmengen Teller, Tassen und Untertassen. Diese Tatsache wird in Kapitel 7 (Sortieren und klassifizieren) weiter thematisiert. Hier ist zunächst interessant: Die Anzahl der Teller lässt sich bestimmen. Es sind beispielsweise drei Teller auf dem Tisch. Und außerdem noch zwei Tassen und vier Untertassen. Damit sind insgesamt neun Teile Geschirr auf dem Tisch.

Der Gedanke der Anzahl (Kardinalität) bedeutet hierbei, dass auf die Frage „Wie viel(e)?" geantwortet werden kann.

Ein Beispiel: die fünf Finger einer Hand. Hier gibt es einen Zusammenhang zwischen

- den Elementen der Menge,
- ihrer Anzahl
- und der Bezeichnung dafür.

Die Elemente der Menge sind die Finger. Ihre Anzahl beträgt fünf Stück. Das Zahlwort dazu heißt „fünf" – oder auf Englisch „five". Das dazugehörige Zeichen ist 5 – oder, wenn man römische Zahlen nutzen möchte, V.

Die Gesamtheit der Elemente der Menge wiederum steht in einem Verhältnis zu ihren Teilen: Die fünf Finger einer Hand lassen sich unterteilen in:

- vier Finger
- und einen Daumen.

Das nennt man Teil-Teil-Ganzes-Schema. Außerdem lassen sich Mengen vergleichen: An beiden Händen sind je fünf Finger: gleich viele pro Hand. Aber: Auf dem einen Teller liegen zwei Apfelstücke, auf dem anderen Teller liegen fünf Apfelstücke. Es sind, je nach Perspektive, drei Apfelstücke mehr bzw. weniger.

LERNZIELE

- Zwischen der Anzahl der Elemente einer Menge, der Ziffer und dem Zahlwort flexibel hin- und herwechseln können
- Das Anzahlkonzept (Kardinalzahlprinzip) für Mengen mit bis zu fünf Elementen verinnerlicht haben

AUFGEPASST

Viele Kinder haben gegen Ende ihrer Kindergartenzeit die formale Seite der Zählprinzipien verinnerlicht. Sie können z. B. fünf Dinge zählen und auf die Frage „Wie viele Finger hast du an deiner Hand?" mit „Fünf!" antworten. Das bedeutet jedoch nicht automatisch, dass sie das Anzahlkonzept (Kardinalzahlprinzip) verinnerlicht haben. Es kann auch sein, dass sie das letzte Zahlwort sagen, aber damit nur den zuletzt gezählten Finger meinen, also fünf im Sinne von „fünfter" verstehen! Hier ist es wichtig, das Kind zu beobachten und ihm gezielte Fragen zu stellen.

FÜR SIE IN DEN BILDUNGSPLAN GESCHAUT

Berlin: „Jedes Kind konstruiert sich über diese Erfahrungen sein eigenes Bild von der Welt der Dinge, von Mengen und der sich daraus ergebenden abstrakteren Symbole (Zahlen) und ordnenden Strukturen" (S. 137).
Niedersachsen: „Mengen- und Größenvergleiche sowie (voroperationale)Tätigkeiten wie das Hinzufügen oder Hinwegnehmen, das Aufteilen oder Verteilen sind fundamentale Handlungserfahrungen, mit denen viele Kinder nicht so vertraut sind. Daher sollten diese Aktivitäten in der Kindertagesstätte besonders in den Blick genommen und gezielt angebahnt werden" (S. 24).

IMPULSE

1 Zusammengesetzte Kindergruppe

Mathematischer Lernbereich: Kinder setzen sich mit dem Teil-Teil-Ganzes-Schema, d. h. mit der Zusammengesetztheit von Mengen, auseinander.
Material: 1 Decke
Alter: ab ca. 4;0 Jahre
Gruppengröße: nicht mehr als 8 Kinder
Kurzbeschreibung: Ein älteres oder zwei jüngere Kinder verlassen den Raum. Danach stellen sich ein bis drei Kinder hinter eine Decke und ein bis drei Kinder neben die Decke. Das Kind bzw. die beiden Kinder kommen wieder in den Raum. Sie werden gefragt: „Wie viele Kinder stehen neben der Decke?" Nachdem diese Frage beantwortet wurde, erklärt die Fachkraft: „Hinter der Decke sind … Kinder. Wie viele Kinder stehen zusammen?" Nachdem das Kind oder beide Kinder ihre Lösung gesagt haben, wird die Decke zur Seite genommen und geprüft, ob die genannte Zahl richtig war.

2 Schwammtürme bauen

Mathematischer Lernbereich: Kinder verbinden Punktbilder, Zahlwort und Anzahl.
Material: Spielkarten mit Würfelpunktbildern oder Spielkarten mit den Ziffern 1–6; viele Abwaschschwämme
Verknüpfter Bildungsbereich: Bewegung
Alter: ab 3;6 Jahre
Gruppengröße: beliebig
Kurzbeschreibung: Die Schwämme liegen aufgehäuft zentral im Raum.
Die Spielkarten mit Punkten oder Zahlen sind gut gemischt bei der Fachkraft.
Jedes Kind sucht sich ein eigenes „Haus", einen Platz im Raum, welcher ggf. mit einer Teppichfliese o. Ä. markiert werden kann, um Verwechslungen auszuschließen.
Jedes Kind zieht nun eine Karte, bringt diese in sein Haus und merkt sich die Punktanzahl oder Zahl. Danach holt es sich von dem Schwammhaufen die richtige Anzahl von Schwämmen und baut neben der abgelegten Karte einen Turm, der in seiner Höhe der Punkt- oder Zahlkarte entspricht. Dann wird eine neue Karte für einen neuen Turmbau geholt.

3 Knöpfe raten

Mathematischer Lernbereich: Verbindung von Zahlwort und Menge
Material: pro Zweier-Gruppe 1 blickdichtes Tuch, bis zu 5 Gegenstände (Knöpfe, Figuren, Klötzchen etc.), Preisgegenstände (Edelsteine o. Ä.)
Alter: ab 3;0 Jahre
Gruppengröße: Partnerspiel, ansonsten beliebig
Kurzbeschreibung: Ein Kind legt verdeckt bis zu 5 Knöpfe o. Ä. unter das Tuch, zählt sie und fragt dann: „Wie viele Knöpfe liegen unter dem Tuch?" Das andere Kind soll nun raten, indem es eine Anzahl nennt. Rät es richtig, bekommt es drei Edelsteine aus der Preiskiste. Liegt es falsch, sagt das Kind mit dem Tuch an, ob es mehr oder weniger sind, also entweder „Es sind mehr Knöpfe" oder „Es sind weniger Knöpfe". Rät das andere Kind jetzt richtig, bekommt es zwei Edelsteine. Liegt es wieder falsch, erhält es erneut den Hinweis: „Es sind mehr Köpfe" oder „Es sind weniger Knöpfe". Rät es nun richtig, bekommt es einen Edelstein. Liegt es auch in der 3. Runde falsch, darf es die Knöpfe unter dem Tuch sehen. Jetzt werden die Rollen gewechselt. Gewonnen hat, wer zuerst fünf Preisgegenstände hat.

4 Mengen erfassen

Mathematischer Lernbereich: Bestimmung der Anzahl einer Menge von Elementen, Verbindung von Zahlwort und Menge
Material: 1 Gefäß (Kiste, Beutel, Teller etc.) mit Murmeln, Muggelsteinen o. Ä.
Alter: ab 3;0 Jahre
Gruppengröße: eine kleinere Gruppe
Kurzbeschreibung: Aus einem Tastbeutel greift sich ein Kind – ohne hinzuschauen – eine Handvoll Murmeln. Nun soll es mit geschlossener Hand raten, wie viele Murmeln es entnommen hat. Anschließend öffnet es die Hand und zählt nach. Nachdem das Kind die Anzahl bestimmt hat, fragt die Fachkraft nochmals nach: „Wie viele Murmeln hast du insgesamt?" Falls das Kind nun wieder zu zählen anfängt, fragt die Fachkraft, ob es wirklich zählen muss.
Variation: Die Aufgabe kann auch umgekehrt gestellt werden. Das Kind soll eine bestimmte Anzahl an Murmeln mit einer Hand entnehmen.

5 Sieben Finger will ich seh'n

Mathematischer Lernbereich: Verknüpfung von Anzahl und Zahlwort
Material: --
Alter: ab 3;0 Jahre
Gruppengröße: beliebig
Kurzbeschreibung: Die Kinder bilden einen Kreis und machen mit beiden Händen eine Faust. Die Fachkraft stellt sich in die Kreismitte und sagt: „Eins, zwei, drei, vier, fünf, sechs, sieben, acht, neun, zehn – wie viele Finger willst du seh'n?" Dabei zählt sie die einzelnen Kinder der Reihe nach ab, indem sie bei jedem Zahlwort auf ein Kind deutet. Das zehnte Kind darf sich eine Zahl von eins bis zehn wünschen. Ruft es z. B. „Sechs!", strecken alle Kinder sechs Finger aus. Danach wiederholt die Fachkraft das Spiel, alle Kinder im Kreis sprechen den Abzählvers jetzt mit.

6 Zahlenmemory

Mathematischer Lernbereich: Kinder vertiefen die Verbindung zwischen Würfelpunktbildern und Ziffern.
Material: Karten mit den Würfelpunktbildern 1–6, Ziffernkarten mit den Ziffern 1–6
Alter: ab ca. 4;6 Jahre
Gruppengröße: 2 Kinder
Kurzbeschreibung: Es wird ein einfaches Memory gespielt. Ein korrektes Paar besteht aus einer Punktekarte und einer dem Würfelpunktbild entsprechenden Ziffernkarte.

7 Bunte Vogelnester

Mathematischer Lernbereich: Das Teil-Teil-Ganzes-Schema wird im Mengen- bzw. Zahlenraum bis drei erkundet.
Material: buntes Papier, Stifte, Scheren, Kleber
Verknüpfter Bildungsbereich: Künstlerische Gestaltung; bietet sich besonders zu Ostern an.
Alter: ab 3;6 Jahre
Gruppengröße: beliebig
Kurzbeschreibung: Zur Vorbereitung malt die Fachkraft für jedes Kind auf ein großes Blatt Papier sechs Osternester auf. Es werden außerdem Ostereier auf buntem Papier vorgemalt und gemeinsam ausgeschnitten. Es sollten nur drei verschiedene Farben (z. B. Blau, Rot, Gelb) benutzt werden. Die Kinder spielen nun Osterhase und füllen ihre Nester mit bunten Eiern. In jedes Nest passen immer drei Eier hinein. Der Osterhase möchte verschiedene Möglichkeiten ausprobieren, das Nest mit bunten Eiern zu füllen. In dem einen Nest liegen nur rote Eier, im anderen Nest ein rotes, ein blaues und ein gelbes Ei. Es gibt ganz viele verschiedene Kombinationsmöglichkeiten. Wer findet wohl am meisten? Am Ende kann eine kleine Ausstellung für die gesamte Kita vorbereitet werden.

8 Lauter bunte Pompons

Mathematischer Lernbereich: Kinder erkunden das Teil-Teil-Ganzes-Schema im Mengen- bzw. Zahlenraum bis drei. Die Feinmotorik wird trainiert.
Material: durchsichtige Trinkbecher oder Untertassen bzw. kleine Schalen, viele verschiedenfarbige Pompons, Greifzange, vorbereitete Vorlagen (siehe unten)
Alter: ab 3;6 Jahre
Gruppengröße: Einzelspiel
Kurzbeschreibung: Die Fachkraft entwirft Vorlagen, indem sie einen Trinkbecher oder eine Schale auf Papier zeichnet und drei farbige Punkte hineinmalt. Die Farbe der Punkte muss mit den Farben der Pompons übereinstimmen. Das Kind nimmt jetzt die Pompons mit der Greifzange und legt sie entsprechend der Vorlage in den Trinkbecher.

9 Wie viel Steine hab ich in der Hand?

Mathematischer Lernbereich: Kinder setzen sich mit dem Teil-Teil-Ganzes-Schema bei Mengen mit bis zu fünf Elementen auseinander.
Material: 5 Steine oder Eicheln
Alter: ab ca. 4;6 Jahre
Gruppengröße: 2–4 Kinder
Kurzbeschreibung: Ein Kind nimmt sich vier oder fünf Steine. Hinter seinem Rücken verteilt es die Steine auf die beiden Hände und streckt diese nun wieder vor sich aus. Es öffnet zunächst eine Hand. Nun wird gemeinsam geprüft, wie viele Steine in dieser Hand sind. Anschließend sagt die Fachkraft: „Zusammen sind es fünf Steine. Hier liegen zwei Steine. Wie viele Steine sind in der geschlossenen Hand?"
Die anderen Kinder überlegen bzw. raten, wie viele Steine in der anderen Hand sind, und nennen ihre Ergebnisse. Jetzt wird geprüft, wie viele Steine wirklich in der geschlossenen Hand sind. Wichtig ist es, die Situation nochmals zu versprachlichen: „In der einen Hand sind zwei Steine. In der anderen Hand sind drei Steine. Zusammen sind es fünf Steine."
Das Spiel wird so lange mit abwechselnden Rollen gespielt, bis die Kinder keine Lust mehr haben.

10 Mit Würfeln aufräumen

Mathematischer Lernbereich: Zuordnung von Punktanzahl zu anderem Material
Material: 1 großer Schaumstoffwürfel
Alter: ab ca. 4;0 Jahre
Gruppengröße: beliebig
Kurzbeschreibung: Aufräumen ist notwendig, macht aber häufig nicht so viel Spaß. Wenn Kinder durch verschiedene Würfelspiele schon an Würfel gewöhnt sind, kann sich das Aufräumen in ein Spiel verwandeln: Ein Kind würfelt. Alles schauen gemeinsam nach, wie viele Punkte es sind. Nun bringt jedes Kind genauso viele Gegenstände an den richtigen Platz.

4 ANZAHLEN UND MENGEN VERGLEICHEN

Kinder vergleichen gern die Anzahl von Dingen: „Ich habe mehr als du!" Oft empfinden sie es als ungerecht, wenn ein Kind weniger von etwas bekommt als ein anderes. Mengen lassen sich auf verschiedene Arten vergleichen: Zunächst durch einen einfachen Mehr-, Weniger- oder Gleich-Vergleich. Dabei kommt es lediglich darauf an, welche der beiden Mengen aus mehr bzw. weniger Elementen besteht oder ob beide Mengen gleich groß sind. Ein solcher Vergleich lässt sich bei Mengen mit vielen Elementen häufig über den Augenschein anstellen. Allerdings kann der Augenschein auch täuschen! Schwierigkeiten treten vor allem dann auf, wenn beide Mengen ähnlich viele Elemente enthalten. Wenn man beispielsweise in jeder Hand viele kleine Steinchen hält, fällt der Vergleich schwer. Hält man aber in der einen Hand einen Apfel und in der anderen Hand zwei Äpfel, ist der Vergleich einfach.

Es verschiedene Möglichkeiten, die Anzahl der Elemente von zwei (oder mehr) Mengen zu vergleichen. Erstens: die Elemente der beiden Mengen getrennt voneinander zählen. Die Menge mit der größten Zahl ist die mächtigste, sie hat am meisten Elemente. Zweitens: eine Eins-zu-eins-Zuordnung zwischen den Dingen herstellen. Wenn ich wissen möchte, ob es genug Tassen für jedes Kind gibt, kann ich vor jedes Kind eine Tasse stellen. So weiß ich letztendlich, ob es mehr Kinder, mehr Tassen oder von beidem gleich viel gibt. Die hier wichtigen Vergleichsworte sind: mehr, weniger, gleich bzw. gleich viel(e). Manchmal reicht das aber nicht aus. Nämlich dann, wenn ich wissen möchte, wie viele Tassen mir noch fehlen, damit jedes Kind eine Tasse erhält. Dann ist drittens wichtig: den genauen Unterschied erfassen. Wie viele Kinder sind es mehr als Tassen? Auch hier kann einerseits eine Eins-zu-eins-Zuordnung helfen: Wenn zu jedem Kind eine Tasse gestellt wird, können am Ende die Kinder gezählt werden, die noch keine Tasse haben. Sitzen also fünf Kinder am Tisch und haben drei schon eine Tasse vor sich stehen, dann fehlen noch zwei Tassen. Es kann andererseits aber auch an das Teil-Teil-Ganzes-Schema angeknüpft werden. Hier sind die wichtigen Fragen: „Wie viele sind es mehr?" oder „Wie viele fehlen noch?".

LERNZIELE

- Sinnvolle Vergleichskonzepte für Mengen entwickelt haben
- Das Teil-Teil-Ganzes-Konzept für Mengen mit bis zu fünf Elementen verinnerlicht haben

AUFGEPASST

1) Am Anfang der Entwicklung eines Vergleichskonzepts halten Kinder noch die Ausdehnung für das entscheidende Kriterium von „mehr" und nicht die Anzahl. Hier kann es hilfreich sein, mithilfe von Eins-zu-eins-Zuordnungen herauszuarbeiten, dass die Anzahl nicht von der Ausdehnung der einzelnen Elemente abhängt.
2) Die Frage „Wie viele sind da mehr?" ist für viele Kinder schwierig. Wenn sie beispielsweise drei blaue Autos und fünf rote Autos haben, beantworten sie diese Frage mit „fünf". Denn fünf Autos sind mehr als drei Autos. Hier kann eine Umformulierung helfen: „Wie viele blaue Autos brauchst du noch, damit es gleich viele sind?"

FÜR SIE IN DEN BILDUNGSPLAN GESCHAUT

Hessen: „Das Kind entdeckt seine Freude am Umgang mit […] Mengen, Zahlen […]. Von besonderer Bedeutung sind dabei das Mengenverständnis und damit verbunden die Zahlen- und Zählkompetenz des Kindes. Darauf aufbauend erwirbt es mathematisches Wissen und Können und die Fähigkeit, mathematische Probleme und Lösungen sprachlich zu formulieren" (S. 75).

Thüringen: „Ausgehend von der Fragestellung, wie viele Dinge vorhanden, d. h. wovon weniger, mehr oder gleich viel vorhanden sind, setzen sie sich intensiv mit Mengen und mit den die Menge repräsentierenden Zahlen auseinander. Das Vergleichen von Mengen, die Feststellung von Unterschieden sowie das Zählen sind wichtige Strategien, die in elementaren mathematischen Bildungsprozessen weiterentwickelt werden können. Hierbei greifen die Entwicklung des Mengen-, des Zahl- und des Operationsverständnisses ineinander. Das Vergleichen von Mengen und das Zählen der einzelnen Elemente von Mengen sind zugleich wichtige Strategien, um Alltagsprobleme praktisch zu lösen. Deshalb können viele Alltagssituationen dazu genutzt werden, um die mathematischen Interessen und das Wissen weiterzuentwickeln" (S. 164–165).

IMPULSE

1 Mengen raten

Mathematischer Lernbereich: Kinder lernen das Teil-Teil-Ganzes-Konzept von Mengen; teilweise werden Zahl- und Mengenzerlegungen automatisiert. Mengenvorstellungen werden entwickelt.
Material: kleinere Gegenstände
Alter: ab ca. 4;6 Jahre
Gruppengröße: 2 Kinder
Kurzbeschreibung: Ein Kind greift sich einige Gegenstände mit einer Hand. Jetzt rät das andere Kind, wie viele es sein könnten. Anschließend wird geprüft, wie viele das Kind wirklich in der Hand hat. Sind es mehr, weniger oder gleich viele? Wie viele mehr, wie viele weniger?
Variation: Erst wird die Übung mit einer Hand, dann mit der anderen durchgeführt. Jetzt stellt sich die Frage: Wie viele Gegenstände hat es in beiden Händen zusammen?

2 Würfelvergleich

Mathematischer Lernbereich: Kinder lernen die Anzahl der Punkte der Würfelbilder; sie können Mehr-weniger-Relationen bestimmen und die Differenz zwischen zwei Zahlen; hierdurch lernen sie auch das Teil-Teil-Ganzes-Konzept von Mengen und Zahlen.
Material: 2 Würfel pro Partnergruppe
Alter: ab ca. 4;6 Jahre
Gruppengröße: 2 Kinder
Kurzbeschreibung: Beide Kinder würfeln. Jedes bestimmt, wie viel es gewürfelt hat. Wie viel hat das eine Kind gewürfelt? Wie viel hat das andere Kind gewürfelt? Wer hat mehr/weniger? Oder haben beide gleich viele? Wie viel braucht derjenige noch, der weniger Punkte gewürfelt hat, damit beide gleich viel haben?

3 Steine sammeln

Mathematischer Lernbereich: Anzahl bestimmen und Mengen vergleichen
Material: 1 Würfel, 1 Schachtel mit Steinen (Anzahl je nach Kinderzahl variabel), 1 Sammelbehälter pro Kind
Alter: ab ca. 4;6 Jahre
Gruppengröße: 2–4 Kinder
Kurzbeschreibung: Die Kinder sitzen bei diesem Spiel um eine Schachtel mit Steinen herum und versuchen, sich möglichst viele Steine zu erwürfeln. Hierzu würfeln sie immer abwechselnd und nehmen sich die entsprechende Anzahl an Steinen aus der Schachtel. Das Spiel ist beendet, wenn diese leer ist. Gewonnen hat, wer die meisten Steine besitzt. Um das zu ermitteln, legt jedes Kind seine Steine in eine Reihe. Die Reihen werden untereinandergelegt. Dabei ist darauf zu achten, dass die Steine der verschiedenen Reihen immer eine Linie bilden. Nun kann mittels Eins-zu-eins-Zuordnung geprüft werden, welches Kind am meisten Steine hat: Ganz links liegt in jeder Steinreihe ein Stein. Wie sieht es beim zweiten Stein der Reihen, wie beim dritten aus? Hat da jedes Kind noch einen Stein? So wird immer weiter geprüft, bis man an der Stelle ankommt, wo nicht mehr jedes Kind einen Stein in seiner Reihe liegen hat.

Stein Nr.:	1	2	3	4	5	6	…
Kind 1:	●	●	●	●	●		
Kind 2:	●	●	●				
Kind 3:	●	●					
Kind 4:	●	●	●	●	●	●	

4 Großer und kleiner Unterschied

Mathematischer Lernbereich: Kinder lernen das Teil-Teil-Ganzes-Konzept von Mengen; erste Additions- und Subtraktionsvorstellungen werden entwickelt.
Material: 5–6 Gegenstände, blickdichtes Tuch
Alter: ab ca. 4;6 Jahre
Gruppengröße: 2–5 Kinder
Kurzbeschreibung: Die Fachkraft legt drei Gegenstände vor die Kinder. Gemeinsam wird gezählt. Wenn das Ergebnis feststeht, stellt sie die Frage: „Wie viele sind es insgesamt (zusammen)?“ Jetzt deckt die Fachkraft die drei Gegenstände ab und legt einen neuen Gegenstand daneben. Sie fragt: „Was ist passiert?“ Die Kinder sollen merken: „Es ist eins dazu gekommen.“ Die Fachkraft nimmt das Tuch weg. Gemeinsam wird gezählt. Wenn das Ergebnis feststeht, stellt sie erneut die Frage: „Wie viele sind es insgesamt (zusammen)?“ Weitere Fragen: „Wie viele waren es vorher?“, „Wie viele habe ich dazu getan?“, „Wir haben mit drei angefangen. Jetzt sind es eins mehr. Zusammen sind das vier.“

5 Wäscheklammern würfeln

Mathematischer Lernbereich: Kinder verbinden Zahlwort, Ziffer und Anzahl; sie vergleichen Mengen durch Eins-zu-eins-Zuordnung.
Material: viele Wäscheklammern (oder anderes Material), 1 großer Würfel
Alter: ab ca. 3;6 Jahre
Gruppengröße: 3–5 Kinder
Kurzbeschreibung: Die Wäscheklammern liegen in einer Ecke des Raums. Die Kinder stehen mit dem Würfel auf der gegenüberliegenden Seite des Raums. Ein Kind würfelt, merkt sich die geworfene Ziffer und läuft zu den Wäscheklammern. Dort nimmt es sich genauso viele, wie es gewürfelt hat, läuft zurück und legt die Klammern neben

den Würfel. Die anderen Kinder benennen die Ziffer und zählen die Klammern. Sie zeigen dabei auf jede Wäscheklammer und zählen laut mit: „Eins, zwei, drei." Anschließend umfahren sie die drei Klammern mit den Fingern und sagen: „Es sind insgesamt drei Klammern." Anschließend ist das nächste Kind dran.
Nachdem jedes Kind dreimal gewürfelt hat, wird geprüft, welches Kind am meisten Wäscheklammern hat. Hierfür bildet jedes Kind für sich eine Reihe der Klammern. Die Reihen der Kinder werden dann untereinander gelegt. So kann eine Eins-zu-eins-Zuordnung der Klammern der verschiedenen Kinder hergestellt werden. Wenn ein Kind mehr als andere hat, haben seine Klammern am Ende keine Partner mehr bei den anderen Kindern.

6 Jungen und Mädchen im Morgenkreis vergleichen

Mathematischer Lernbereich: Vergleich von Mengen durch Eins-zu-eins-Zuordnung, erste statistische Erkenntnisse und grafische Darstellungen
Material: 1 großes Blatt Papier, 2 Stifte in verschiedenen Farben
Alter: ab ca. 4;0 Jahre
Gruppengröße: beliebig
Kurzbeschreibung: Im Morgenkreis werden Jungen und Mädchen nacheinander gezählt. Die Fachkraft stellt folgende Fragen: „Sind es mehr Jungen oder mehr Mädchen?", „Sind es weniger Jungen oder weniger Mädchen?", „Sind es gleich viele Jungen und Mädchen?".
Hierbei kann es am Anfang hilfreich sein, wenn sich immer ein Junge und ein Mädchen zusammenstellen. Wenn Jungen übrig bleiben, gibt es mehr Jungen. Bleiben Mädchen übrig, mehr Mädchen.
Erweiterungen:
1) Nachdem erarbeitet wurde, ob mehr Jungen oder mehr Mädchen oder gleich viele Jungen und Mädchen da sind, kann das Ergebnis auf einem Blatt Papier notiert werden. Für jeden Jungen wird ein grüner Kreis und für jedes Mädchen wird gegenüberliegend von diesem grünen Kreis ein gelber Kreis gemalt. Dann wird jeweils der grüne mit dem gelben Kreis verbunden, so lange, bis für jedes Kind ein Kreis gemalt wurde. Am Ende haben entweder einige Jungen oder einige Mädchen keinen gegenüberliegenden Kreis, was bedeutet, dass es – je nach Ergebnis – entweder mehr Jungen oder mehr Mädchen gibt.
2) Jetzt fragt die Fachkraft, wie viel mehr Jungen/Mädchen – je nach Ergebnis – es gibt. Angenommen, eine Gruppe besteht aus sieben Jungen und neun Mädchen, so ist eine typische Antwort darauf „Neun!". Die Kinder nennen die Anzahl der Mitglieder der größeren Gruppe. Es kommt hier jedoch darauf an, wie viele Mädchen mehr da sind, die richtige Antwort wäre also „zwei". Um hier die Entwicklung zu unterstützen, kann folgende Frage hilfreich sein: „Wie viele Jungen braucht es noch, damit es gleich viele Jungen und Mädchen sind?"

7 Buchbetrachtung „Einer mehr"

Mathematischer Lernbereich: Kinder setzen sich damit auseinander, dass Mengen immer um eins mächtiger werden, wenn ein Element hinzukommt.
Material: das Bilderbuch „Einer mehr" von Yvonne Hergane und Christiane Pieper
Verknüpfter Bildungsbereich: Sprache
Alter: ab ca. 3;0 Jahre
Gruppengröße: beliebig
Kurzbeschreibung: Bilderbuchbetrachtung

8 Wer hat mehr?

Mathematischer Lernbereich: Vergleich von Mengen durch Eins-zu-eins-Zuordnung
Material: 2 Würfel, 12 Steine o. Ä., 9 Siegprämien (z. B. Edelsteine)
Alter: ab ca. 3;6 Jahre
Gruppengröße: 2 Kinder
Kurzbeschreibung: Beide Kinder würfeln und nehmen sich entsprechend viele Steine aus der Mitte. Jetzt prüfen sie durch Eins-zu-eins-Zuordnung, wer von ihnen mehr Steine hat: Jedes Kind legt seine Steine in eine Reihe. Die Reihen werden untereinandergelegt. Dabei ist darauf zu achten, dass die Steine der verschiedenen Reihen immer eine Linie bilden. Ganz links liegt in jeder Steinreihe ein Stein. Wie sieht es beim zweiten Stein der Reihen, wie beim dritten aus? Hat da jedes Kind noch einen Stein? So wird immer weiter geprüft, bis man an der Stelle ankommt, wo nicht mehr jedes Kind einen Stein liegen hat.
Das Kind, das mehr Steine hat, darf sich eine Siegprämie nehmen. Wenn beide Kinder gleich viel haben, bekommt kein Kind eine Siegprämie. Gespielt wird, bis das erste Kind fünf Siegprämien erhalten hat.

Stein Nr.:	1	2	3	4	5	6	…
Kind 1:	●	●	●	●	●		
Kind 2:	●	●	●				

9 Mehr oder größer?

Mathematischer Lernbereich: Vergleich von Mengen durch Eins-zu-eins-Zuordnung und Auseinandersetzung mit varianten Vorstellungen der Mächtigkeit
Material: 2 Würfel, 6 große und 6 kleine Steine (oder Kastanien, Eicheln o. Ä.), 9 Siegprämien (z. B. Edelsteine)
Alter: ab ca. 3;6 Jahre
Gruppengröße: 2 Kinder
Kurzbeschreibung: Wie das vorherige Spiel, nur dass die Kinder nun unterschiedlich große Dinge benutzen, um über eine Eins-zu-eins-Zuordnung herauszubekommen, wer mehr hat. Hiermit wird der Blick dafür geschärft, dass die Anzahl der Elemente nicht an ihrer Ausdehnung hängt.

10 Mengenkreuz

Mathematischer Lernbereich: Kinder lernen, dass die Mengen der Würfelpunktbilder immer um eins mehr werden.
Material: Karten mit Würfelpunktbildern:
4 Karten mit zwei, 4 Karten mit drei, 4 Karten mit vier, 4 Karten mit fünf und 4 Karten mit sechs Punkten, 1 Karte mit einem Punkt
Alter: 5;0–6;0 Jahre
Gruppengröße: 2 oder 4 Kinder
Kurzbeschreibung: Die Karte mit der Würfel-Eins wird in die Mitte gelegt. Die restlichen 20 Würfelpunktbild-Karten werden gemischt und vor jedem Kind bzw. jeder Kindergruppe als Stapel offen abgelegt. Ziel ist es, vier Reihen zu legen, die ein Kreuz bilden. An die Karte mit der Würfel-Eins können in aufsteigender Reihe die Karten mit der Würfel-Zwei, Würfel-Drei etc. angelegt werden. Hierfür prüft das Kind, ob es die auf seinem Stapel oben liegende Karte anlegen kann. Gelingt dies, prüft es die nächste Karte etc. Es ist so lange an der Reihe, bis eine Karte oben liegt, die sich nirgends anlegen lässt. Das Kind legt diese dann unter den eigenen Stapel zurück. Nun ist das andere Kind dran. Gewonnen hat, wer als zuerst keine Karten mehr hat.

5 VERBINDUNG VON MENGE UND ZIFFER

Die Verbindung von Ziffern (Ziffern als Zeichen für Zahlen: 0, 1, 2, 3 …) mit den entsprechenden Mengen (keine Kastanie, eine Kastanie, zwei Kastanien, drei Kastanien …) ist eine wesentliche Weiterentwicklung in der Mengenbenennung (im Gegensatz zur bloßen Verbindung von Zahlwort und Menge, vgl. Kapitel 3 und 4).
Im Laufe ihrer Entwicklung werden Kinder immer sicherer darin, die Anzahl der Elemente einer Menge zu bestimmen. Sie wissen jetzt auf einen Blick, dass die Menge an Kastanien, die auf dem Tisch liegt, z.B. drei beträgt. Darüber hinaus schaffen sie es nun, einer Menge auch die richtige Ziffer zuzuordnen. Sie erkennen, dass die drei Kastanien auf dem Tisch nicht nur zum Zahlwort drei, sondern auch zur Ziffer 3 passen. Umgekehrt sind sie in der Lage, einer Ziffer die entsprechende Anzahl an Dingen zuzuordnen. Damit ergibt sich die Möglichkeit

- die Anzahl der Elemente einer Menge (drei Kastanien),
- das entsprechende Zahlwort (drei)
- und die entsprechende Ziffer (3)

miteinander zu verbinden. Damit wird der Wechsel von der einen Ausdrucksform in die andere – Transkodierung genannt – möglich: Kinder können

a) drei Finger zeigen,
b) sagen: „Drei Finger!",
c) die Ziffer 3 identifizieren und ihr beispielsweise eine Karte zuordnen, auf der drei Finger abgebildet sind.

Dies gelingt Kindern tendenziell eher gegen Ende ihrer Kitazeit. Es geht zunächst um prinzipielle Grundlagen. Und damit reicht es vollkommen aus, wenn Kinder die Ziffern 0, 1, 2, 3, 4 und 5, die entsprechenden Zahlworte „null", „eins", „zwei", „drei", „vier" und „fünf" sowie ebenso große Mengen nutzen.

LERNZIELE

- Zwischen der Anzahl der Elemente einer Menge, der Ziffer und dem Zahlwort flexibel hin- und herwechseln können
- Das Anzahlkonzept (Kardinalzahlprinzip) für Mengen mit bis zu fünf Elementen verinnerlicht haben

AUFGEPASST

Besonders wichtig ist es, dass die Kinder das Kardinalzahlprinzip verinnerlichen. Dies bedeutet, dass die Zahl angibt, wie viele Dinge es zusammen sind. Gerade bei kleinen Mengen sind Kinder oft sehr schnell im Zählen. Dann kann es sein, dass sie die Ziffer für das Zeichen eines Dings halten. Sie verwechseln damit die Bedeutung von 5 im Sinne von: fünf Dinge und 5. im Sinne von: der fünfte Platz. Beispielsweise liegen vor einem Kind fünf Steine. Wenn es nun sagt: „Das sind fünf", kann es folgenden Fehler machen: Der erste Stein heißt Eins, der zweite Stein heißt Zwei, der dritte Stein heißt Drei, der vierte Stein heißt Vier und der fünfte Stein heißt Fünf. Es sagt dann zwar „Fünf", weil es das zuletzt genannte Zahlwort ist. Es meint aber „Fünfter". Richtig wäre es an dieser Stelle, wenn das Kind bei „fünf Steine" an alle Steine denkt, die zusammen fünf Steine sind.

FÜR SIE IN DEN BILDUNGSPLAN GESCHAUT

Bayern: „Ein vierjähriger Junge möchte wissen, wie oft er mit seinem Spielzeuglastwagen hin- und herfahren muss, um eine bestimmte Anzahl an Murmeln an das andere Ende des Raumes zu transportieren. Er weiß nicht, wie viele Murmeln sich in der Schachtel befinden, doch er hat herausgefunden, dass er mit seinem Lastwagen sechs Murmeln transportieren kann. Die mathematische Lösung würde darin bestehen, die Murmeln zu zählen und dann durch sechs zu teilen. Der Junge kann diese Rechnung jedoch noch nicht ausführen. Um dieses Problem zu lösen, kommt er von sich aus oder auch auf Anregung auf die Idee, für ihn überschau- und abzählbare Teilmengen zu bilden. Auf dieser Basis gelingt es ihm sodann, die Divisionsaufgabe durchzuführen: Er bildet Gruppen zu je sechs Murmeln und zählt sodann die Anzahl der Gruppen. Ihm gelingt also die Divisionsaufgabe auf konkretem Weg, indem er wiederholt subtrahiert (so würden mathematisch versierte Erwachsene diesen Prozess beschreiben)" (S. 250–251).

Rheinland-Pfalz: „In vielen Fällen gehört zum beobachten […] das Erfassen von Mengen und das Zählen. Kinder stoßen in ihrem Alltag häufig auf Zahlen, Mengen und geometrische Figuren. Durch den spielerischen Umgang mit mathematischen Themen können das natürliche Interesse und die Neugier von Kindern gefördert werden" (S. 58).

Saarland (Handreichung): „Für die Erzieherin kommt es erstens darauf an, die Freude der Kinder an der Begegnung mit Mathematik zu erhalten; zweitens soll sie den Aktivitäten des Alltags einen ‚mathematischen Stellenwert' verleihen, in dem sie sich z. B. sprachlich präzise ausdrückt, nicht etwa: ‚Wir brauchen für unser Spiel Stühle', sondern, ‚Wir brauchen vier Stühle, für jedes Kind einen'" (S. 129).

IMPULSE

1 Pasch

Mathematischer Lernbereich: Kinder lernen die Verknüpfung von Ziffer und Menge im Bereich bis 6.
Material: 1 Ziffernwürfel, 1 Punktbildwürfel, 2 laminierte Pasch-Zettel, 1 Stift mit abwischbarer Tinte
Alter: ab ca. 4;0 Jahre
Gruppengröße: 2 Kinder
Kurzbeschreibung: Der erste Kind würfelt mit beiden Würfeln. Wenn es einen Pasch hat, darf es an der entsprechenden Stelle ein Kreuzchen machen. Jetzt ist das andere Kind dran und darf ebenso vorgehen. Gewonnen hat, wer zuerst alle Pasche gewürfelt hat.

2 Speed-Pasch

Mathematischer Lernbereich: Kinder lernen die Verknüpfung von Ziffer und Menge im Bereich bis 6.
Material: 4 Ziffernwürfel, 4 Punktbildwürfel, 2 laminierte Pasch-Zettel, 2 abwischbare Stifte
Alter: ab ca. 5;0 Jahre
Gruppengröße: 2 Kinder
Kurzbeschreibung: Beide Kinder erhalten je zwei Ziffernwürfel und zwei Punktbildwürfel. Sie würfeln beide gleichzeitig. Wenn sie einen Pasch sehen, rufen sie „Pasch!". Jetzt wird geprüft, ob das stimmt. Wenn ja, dürfen sie an der entsprechenden Stelle auf ihrem Pasch-Zettel einen Strich machen. Wer ungerechtfertigt „Pasch" ruft, muss auf dem eigenen Pasch-Zettel einen Strich wieder wegwischen. Gewonnen hat, wer zuerst alle Pasche gewürfelt hat.
Variante: Die Kinder dürfen ihrem/ihrer Gegenspieler*in gewürfelte Würfel wegnehmen, wenn sie dadurch einen Pasch bekommen.

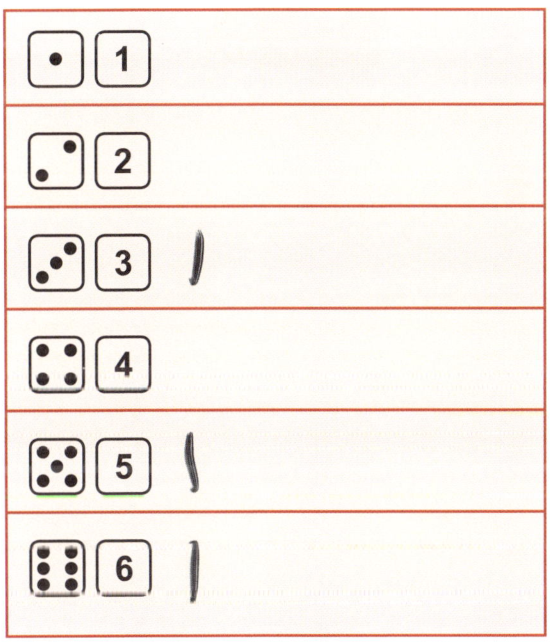

3 Stechen

Mathematischer Lernbereich: Kinder lernen die Verknüpfung von Ziffer und Menge im Bereich bis 10.
Material: Karten mit den Zahlen 1–10, Karten mit den Würfelpunktbildern 1–10, jeweils die 6 wird nicht benötigt.
Alter: ab ca. 4;6 Jahre
Gruppengröße: 2 Kinder
Kurzbeschreibung: Sowohl die Zahlenkarten als auch die Würfelpunktbild-Karten werden getrennt voneinander gemischt. Das eine Kind bekommt die Zahlenkarten, das andere die Würfelpunktbildkarten. Beide Kinder decken gleichzeitig eine Karte auf. Dasjenige Kind, das die größere Zahl bzw. Menge aufgedeckt hat, bekommt beide Karten. Bei Gleichstand werden beide Karten wieder unter den Stapel gelegt. Gespielt wird, bis alle Karten abgelegt wurden. Gewonnen hat, wer am Ende am meisten Karten hat.

4 Ziffern-Mengen-Memory

Mathematischer Lernbereich: Kinder lernen die Verknüpfung von Ziffer und Menge im Bereich bis 10.
Material: 10 Karten mit den Zahlen 1–10, 10 Karten mit den Würfelpunktbildern (alternativ Fingerbilder) 1–10
Alter: je nach Spielgestaltung ab 3;0 Jahre
Gruppengröße: 2–4 Kinder
Kurzbeschreibung: Es wird ein einfaches Memory gespielt, wobei immer jeweils zueinander gehörende Würfelpunktbilder und Zahlen ein Paar bilden.

5 Mengen- Zahlenquartett

Mathematischer Lernbereich: Kinder lernen die Verknüpfung von Ziffer und Menge im Bereich bis 10 und erleben dabei, dass es unterschiedliche Möglichkeiten gibt, Mengen darzustellen.
Material: Ziffernkarten mit den Ziffern 1–5, Karten mit den Würfelpunktbildern 1–5, Karten mit den Fingerbildern 1–5, Karten, auf denen die Mengen 1–5 (z. B. Sterne, Blumen etc.) unsystematisch gruppiert abgebildet sind
Alter: je nach Spielgestaltung ab 4;6 Jahre
Gruppengröße: 2–5 Kinder
Kurzbeschreibung: Die Karten werden gemischt und einzeln an die Kinder verteilt. (Je nach Anzahl der Kinder erhalten einige u. U. mehr Karten als andere. Dies ist für das Spiel aber nicht wichtig.) Das Kind links vom Kartengeber beginnt, indem es zunächst seine Karten daraufhin durchsucht, ob es ein Quartett bilden kann. Gelingt das nicht, fragt es ein beliebiges anderes Kind nach einer Karte, die ihm zur Bildung eines Quartetts fehlt: „Hast du die Karte mit den vier Fingern?" Hat das Kind diese Karte, muss es sie abgeben, das fragende Kind darf weitermachen. Hat das Kind diese Karte nicht, ist es nun selbst an der Reihe zu fragen. Sobald ein Kind ein vollständiges Quartett hat, legt es dieses offen vor sich auf den Tisch. Hat ein Kind keine Karten mehr in der Hand, so ist es aus dem Spiel. Gewonnen hat, wer bei Spielende am meisten Quartette hat.
Variation: Wird das Spiel mit zwei Kindern gespielt, erhält jedes Kind fünf Karten. Die restlichen Karten werden verdeckt auf den Tisch gelegt. Wenn der Mitspieler die gefragte Karte nicht hat, nimmt sich das fragende Kind eine Karte vom Stapel und das andere Kind ist dran. Die anderen Regeln bleiben gleich.

6 „Go Fish!"

Mathematischer Lernbereich: Kinder lernen die Verknüpfung von Ziffer und Menge im Bereich bis 10 und erleben dabei, dass es unterschiedliche Möglichkeiten gibt, Mengen darzustellen.
Material: Ziffernkarten mit den Ziffern 1–5, Karten mit den Würfelpunktbildern 1–5, Karten mit den Fingerbildern 1–5, Karten, auf denen die Mengen 1–5 (z. B. Sterne, Blumen etc.) unsystematisch gruppiert abgebildet sind
Alter: je nach Spielgestaltung ab 4;6 Jahre
Gruppengröße: 3–6 Kinder
Kurzbeschreibung: Jedes Kinder erhält 5 Karten. Der Rest wird auf einen Stapel verdeckt beiseitegelegt. Im Unterschied zum Quartett fragt ein

Kind hier das andere aber nicht nach einer bestimmten Karte („Hast du die Karte mit den vier Fingern?"), sondern nach allen passenden Karten. Beispielsweise: „Gib mir alle Vierer-Karten." Dabei darf man nur nach Karten fragen, von denen man mindestens eine Karte auf der Hand hat. Hat das angesprochene Kind keine einzige passende Karte, antwortet es mit „Go fish!" (englisch). Das Kind, das vergeblich nach Karten gefragt hat, nimmt dann eine Karte vom Stapel der verdeckten Karten. Nun ist das nächste Kind dran. Darüber hinaus gelten die normalen Regeln eines Quartettspiels.

7 Mengen an der Wäscheleine

Mathematischer Lernbereich: Verbindung von Ziffer und Anzahl
Material: 1 aufgespanntes Seil, 6 Beutel, 12 Wäscheklammern, 21 Gegenstände, Ziffernkarten mit den Ziffern 1–6, 1 Würfel
Alter: ab 3;0 Jahre
Gruppengröße: bis zu 10 Kinder
Kurzbeschreibung: Das Seil ist quer durch den Raum gespannt. In der einen Ecke liegen die Beutel, die 21 Dinge, die Wäscheklammern und die Ziffernkarten. Es wird gewürfelt und gemeinsam geprüft, wie viele Punkte es sind. Dazu wird nun die passende Ziffernkarte herausgesucht und die entsprechende Anzahl an Dingen. Diese Dinge werden in den Beutel getan und dann der Beutel zusammen mit der Ziffernkarte an der Wäscheleine aufgehängt.

Wenn alle Beutel an der Wäscheleine hängen, werden sie gemeinsam mit den Kindern in die richtige Reihenfolge gebracht: links außen hängt der Beutel mit einem Ding. „Welcher Beutel kommt dann?", „Der Beutel mit der 2. Weil da nämlich zwei Dinge drin sind. Und das ist eine Sache mehr als vorher."

8 Ringli

Mathematischer Lernbereich: Verbindung von Ziffer und Anzahl
Material: mehrere Ringe oder Seile, mit denen ein Kreis gebildet werden kann, Ziffernkarten mit den Ziffern 1–5, Dinge (Blätter, Zweige, Steine, Knöpfe, Puppen, Murmeln etc.), 1 Würfel
Alter: ab ca. 3;6 Jahre
Gruppengröße: 4–5 Kinder
Kurzbeschreibung: Mehrere Ringe liegen auf dem Boden mit jeweils einer Ziffernkarte. In jedem Ring liegen einige Dinge. Die Kinder würfeln, sagen die entsprechende Zahl und nehmen sich ein Ding aus dem Ring mit der entsprechenden Zahl. Das Spiel ist beendet, wenn ein Ring leer ist. Am Ende können alle Gegenstände, die aus den Ringen genommen wurden, abgezählt werden.
Variation(en): Zu Beginn sind alle Ringe leer. Die Kinder legen immer ein Spielzeug in den Ring mit der gewürfelten Zahl. Das Spiel ist beendet, wenn in einem (oder allen) Ring(en) so viele Gegenstände liegen, wie die Nummer des jeweiligen Rings angibt.

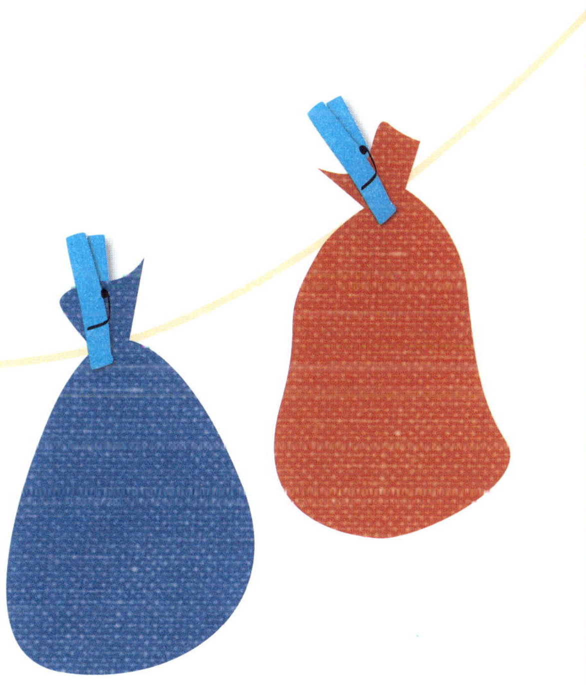

6 ANZAHLEN SIMULTAN ERFASSEN

Bei kleineren unstrukturierten Mengen können Erwachsene auf einen Blick erkennen, wie viele Dinge es sind. Diese sogenannte Simultanerfassung („auf einen Blick") gelingt meistens bei bis zu fünf oder sechs Dingen. Danach beginnen Erwachsene, die Anzahl additiv zu ermitteln. Das bedeutet, dass sie automatisch die Dinge in kleinere Teilmengen unterteilen und dann zusammenrechnen: Bei strukturierten Mengenanordnungen, z. B. bei fünf Würfelpunktbildern mit jeweils einer Sechs, werden die insgesamt 30 Punkte nicht einzeln wahrgenommen, sondern jeweils die sechs Punkte eines Würfelbilds als Einheit. Für Erwachsene ist es daher nicht (mehr) notwendig, die Dinge zu zählen. Kinder hingegen müssen diese Kompetenz erst erwerben. Jüngeren Kindern gelingt das bei unstrukturierten Mengen mit bis zu drei Dingen, bei strukturierten Mengen sollte es gegen Ende der Kitazeit mit bis zu vier (Punkte auf dem Würfelbild) oder fünf (Finger an einer Hand) Dingen ebenfalls gelingen. Einige Kinder erkennen beim Würfel sogar schon bis zu sechs strukturiert angeordnete Punkte.

LERNZIELE

- Unstrukturierte Mengen mit bis zu drei Elementen und strukturierte Mengen mit bis zu fünf Elementen simultan erfassen
- Das Anzahlkonzept (Kardinalzahlprinzip) für Mengen mit bis zu fünf Elementen verinnerlicht haben

AUFGEPASST

Um die Anzahl der Elemente einer kleineren Menge simultan zu erfassen, müssen Kinder schon ein grundlegendes Anzahlkonzept (Kardinalzahlprinzip) entwickelt haben. Darauf aufbauend kann es dann gelingen, die simultane Wahrnehmung der Anzahl der Elemente zu entwickeln.

FÜR SIE IN DEN BILDUNGSPLAN GESCHAUT

Bayern: „Die Kinder können in vielfältiger Weise lernen, Mengen und Zahlen auf einen Blick und ohne Abzählen zu erfassen. Im Alltag ist das Abzählen von Dingen wenig hilfreich. Kindern mit Rechenschwäche geht die wichtige Fähigkeit des visuellen bzw. simultanen Erfassens von Zahlen und Mengen durch bloße Betrachtung ab (z. B. mit einem Blick erkennen, dass die Sechserseite des Würfels eine Gesamtmenge von 6 Augen oder Teilmengen 2x3 oder 3x2 Augen hat, dass ein Stuhl vier Beine und ein Vogel zwei Beine hat)" S. 258.

Mecklenburg-Vorpommern: „In alltäglichen Situationen erfassen, beschreiben, vorstellen und darstellen von Zahlen und Zahlbeziehungen. Dabei Beispiele wie die folgenden nutzen: […] simultanes Erfassen von bis zu 5 ungeordnet platzierten Dingen üben (auf einen Blick und ohne zu zählen sehen, wie viele es sind); quasisimultanes Erfassen für bis zu 10 Dinge (z. B. sechs Dinge als vier und noch zwei) anbahnen" (S. 14).

IMPULSE

1 Verdeckte Kiste

Mathematischer Lernbereich: Kinder üben die Simultanerfassung von Mengen.
Material: 1 Kiste mit Bällen, 1 blickdichtes Tuch
Alter: ab 3;6 Jahre
Gruppengröße: 4–5 Kinder
Kurzbeschreibung: In einer Kiste liegen z. B. eine geringe Anzahl von Bällen (weniger als 5), die von einem Tuch verdeckt werden. Die Fachkraft hebt das Tuch für einen kurzen Moment an und stellt folgende Fragen: „Was habt ihr gesehen?" Mit der Antwort „Bälle" finden die Kinder den Begriff. „Wie viele davon habt ihr gesehen?" Mit der Antwort nennen die Kinder die Anzahl. Nachdem die Anzahl korrekt bestimmt ist, fragt die Fachkraft erneut: „Wie viele Bälle sind es insgesamt (zusammen)?" Falls ein Kind nun nochmals anfängt zu zählen, wird es gefragt, ob es wirklich zählen muss.

2 Wie viele Finger?

Mathematischer Lernbereich: Kinder üben die Simultanerfassung von Mengen und vertiefen die Verbindung von Anzahl und Zahlwort.
Material: --
Alter: 3;0–5;6 Jahre
Gruppengröße: 1–5 Kinder
Kurzbeschreibung: Die Fachkraft zeigt ganz kurz die eigene Hand mit null bis fünf ausgestreckten Fingern und fragt: „Wie viele Finger?" Die Kinder sollen die Anzahl schnell erkennen und benennen.
Variationen:
1) Am Anfang kann es hilfreich sein, wenn die Fachkraft die Anzahl beim Zeigen mitbenennt.
2) Später können Anzahlen auf unterschiedliche Weise gezeigt werden, z. B. indem der Daumen, der Mittelfinger und der kleine Finger gezeigt werden.
3) Die Fachkraft zeigt eine Anzahl an Fingern und nennt ihre Anzahl – manchmal nennt sie bewusst eine falsche Anzahl. Hierdurch wird das Bewusstsein der Kinder für die Verbindung zwischen Zahlwort und Anzahl weiter vertieft.

3 Sag die Zahl

Mathematischer Lernbereich: Kinder üben die Simultanerfassung von Mengen und vertiefen die Verbindung von Anzahl und Zahlwort.
Material: Viele Karten mit den Würfelpunktbildern 1–6, für jüngere Kinder nur Karten mit den Würfelpunktbildern 1–4, für ältere Kindern können auch andere Anordnungen bis 10 Punkte (z. B. zweimal 5 Punkte) vorkommen.
Alter: 3;0–5;6 Jahre
Gruppengröße: 1–5 Kinder
Kurzbeschreibung: Die Kinder sitzen mit der Fachkraft im Kreis. Die Fachkraft deckt eine Karte kurz auf. Die Kinder müssen die Anzahl der abgebildeten Punkte benennen. Wer die richtige Antwort als Erstes benannt hat, bekommt die Karte. Nach einem Durchgang wird gezählt, wer wie viele Karten hat. Wer am meisten Karten hat, hat gewonnen.

4 Simultanerfassung mit Musik

Mathematischer Lernbereich: Kinder üben die Simultanerfassung von Mengen und vertiefen die Verbindung von Anzahl und Zahlwort.
Material: Punktbildkarten, auf denen die Punkte einem Würfel entsprechend angeordnet sind; Karten, auf denen eine Hand abgebildet ist, die zwischen 0 und 5 Finger ausstreckt
Alter: ab ca. 4;0 Jahre
Gruppengröße: beliebig
Kurzbeschreibung: Die Fachkraft beginnt singend oder rhythmisch gesprochen: „Ich kenne ein Spiel und das Spiel geht so, wenn ich zeige (sie hält beispielsweise die Karte mit Vierer-Punktbild hoch), dann sagt ihr?", Antwort der Kinder: „Vier!"
Fachkraft: „Und dann macht ihr so …" Jetzt klatschen die Kinder vier Mal und sprechen laut mit: „Eins, zwei, drei, vier."
Fachkraft: „Ich kenne ein Spiel und das Spiel geht so, wenn ich zeige (sie hält beispielsweise die Karte mit dem Fünfer-Punktbild hoch), dann sagt ihr?", Antwort der Kinder: „Fünf!"
Fachkraft: „Und dann macht ihr so …" Jetzt klatschen die Kinder fünf Mal und sprechen laut mit: „Eins, zwei, drei, vier, fünf."

5 In die Kiste gegriffen

Mathematischer Lernbereich: Kinder üben die Simultanerfassung von Mengen und vertiefen die Verbindung von Anzahl und Zahlwort.
Material: 1 Kiste mit kleineren, aber gut unterscheidbaren Dingen (z. B. verschiedenfarbige Pompons, Murmeln etc.)
Alter: ab ca. 4;0 Jahre
Gruppengröße: 2–5 Kinder
Kurzbeschreibung: Ein Kind greift in die Kiste und nimmt einige Dinge in seine Hand. Es öffnet seine Hand so, dass für die anderen Kinder gut sichtbar ist, wie viele Dinge sich darin befinden. Allerdings zeigt es die Dinge nur kurz. Jetzt müssen die anderen Kinder sagen, wie viele Dinge in der Hand sind. Anschließend wird überprüft, ob sie die Anzahl richtig erkannt haben. Danach ist das nächste Kind dran.

6 Zuerst gesehen

Mathematischer Lernbereich: Verbindung einer Menge mit dem passenden Zahlwort
Material: max. 20 Karten mit strukturiert angeordneten Mengen; die Mengen sollten 10 Elemente (z. B. 2 Hände) nicht überschreiten.
Alter: ab ca. 4;0 Jahre
Gruppengröße: bis zu 5 Kinder
Kurzbeschreibung: Die Kinder sitzen im Kreis und die Fachkraft deckt eine Karte auf. Jetzt rufen die Kinder, welche Anzahl sie sehen. Das Kind, das als Erstes die richtige Anzahl gerufen hat, erhält die Karte. Gewonnen hat, wer am Ende am meisten Karten hat.
Variation: Mit jüngeren Kindern kann das Spiel gespielt werden, indem nur Mengen mit bis zu 5 Elementen auf der Karte abgebildet sind.

7 SORTIEREN UND KLASSIFIZIEREN

Kinder fangen sehr früh an, Dinge zu sortieren. Dabei unterscheiden sie am Anfang häufig nach Farben: die grünen Bauklötze auf die eine Seite, die gelben Bauklötze auf die andere. Im Laufe der Zeit stellen sie irgendwann fest, dass sie auch nach anderen Kriterien sortieren können, etwa nach Größe oder Gewicht. Ein weiterer Schritt ist es, nach zwei Kriterien zu sortieren: die kleinen gelben Steine gehören hierhin, die großen gelben kommen an einen anderen Ort. Je genauer Kinder beobachten lernen, desto differenzierter können sie auch sortieren. Sortieren bedeutet dem Prinzip nach, eine unsortierte Menge an Dingen nach Kriterien zu unterscheiden, dabei bleibt kein Rest übrig. Klassifizieren bedeutet die gegenteilige Handlung: Es gibt ein feststehendes Kriterium und aus einer Menge von unsortierten Dingen werden nur diejenigen herausgesucht, die diesem Kriterium entsprechen. Sagt man zu einem Kind: „Gib mir bitte die Löffel aus dem Besteckkasten!", so hat man eine Klasse gebildet. Aus der Gesamtmenge des Bestecks wird die Teilmenge der Löffel herausgelöst.

In den vorangegangenen Kapiteln wurde das Bilden von Mengen stets unter dem Gesichtspunkt der Anzahl betrachtet. Beim Sortieren und Klassifizieren geht es im Unterschied dazu jedoch nicht um die Anzahl, sondern um die Qualität. Die entscheidenden Fragen in diesem Bereich sind: „Warum gehört etwas zusammen?", „Warum gehört etwas nicht dazu?".

Eng verbunden ist das Sortieren und Klassifizieren mit der Beobachtungsfähigkeit und der sprachlichen Entwicklung. Denn um Unterscheidungen vornehmen zu können, braucht es nun sowohl Oberbegriffe (z. B. Besteck) als auch Unterbegriffe (z. B. Löffel), außerdem eine genaue Beobachtung, um die Differenzen erkennen zu können.

LERNZIELE

- Nach zwei oder drei Kriterien sortieren können
- Nach zwei oder drei Kriterien klassifizieren können

AUFGEPASST

1) Kinder sind häufig mit dem Sortieren oder Klassifizieren nach drei oder mehr Kriterien überfordert. Gleiches gilt, wenn die Funktion einer Sache, etwa „Alles, woraus man trinken kann", zum Unterscheidungsmerkmal gemacht wird. Dies ist aber nicht weiter schlimm.
2) Wenn Kinder Spaß und Freude am Sortieren haben, sollten sie irgendwann mit einem kognitiven Konflikt konfrontiert werden. Denn Dinge können nicht nur zum einen oder zum anderen Begriff gehören, sondern – je nach Betrachtung – gleichzeitig zu zwei verschiedenen. Ein Beispiel: Wenn Kinder auf die eine Seite des Tisches die großen Bauklötze legen und auf die andere Seite des Tisches die gelben Bauklötze, was passiert dann eigentlich mit den großen gelben Bauklötzen? Gehören die Dinge sowohl zum einen als auch zum anderen Kriterium, entsteht eine Schnittmenge. Das ist ein ganz besonders interessantes Problem.

FÜR SIE IN DEN BILDUNGSPLAN GESCHAUT

Baden-Württemberg: „Das Sortieren, Ordnen, Benennen und Beschreiben von Material aus der belebten und unbelebten Natur wird ermöglicht und fördert mathematisch-naturwissenschaftliches Erleben und Denken genauso wie der Umgang mit verschiedenen Stoffen und die Erlaubnis zum angeleiteten Experimentieren."
Saarland (Handreichung): Im Alltag des Kindergartens ist es Aufgabe der Erzieher*innen, „Erfahrungen […] mit natürlichen Formen (Mineralien, Schnecken, Muscheln, Hölzer …), die man sammeln, ordnen (nach Größe, Farbe, Gewicht…) und klassifizieren und nach gemeinsamen und verschiedenen Merkmalen identifizieren kann", zu ermöglichen (S. 143).
Schleswig-Holstein (Handreichung): „Eine zentrale mathematische Fragestellung ist, ob und warum bestimmte Gegenstände zusammenpassen. Sammel- und Sortierspiele sind daher eine wichtige Grundlage für mathematisches Denken. Man kann sie mit zufällig im Raum befindlichen Gegenständen durchführen: Was ist alles rund, was ist eckig, eben, räumlich, rot, blau …? oder dafür kleine Sammlungen mit verschiedenen Gegenständen vorbereiten" (S. 15).

IMPULSE ZUM SORTIEREN

1 Herbst sortieren

Mathematischer Lernbereich: Kinder lernen, dass Gegenstände nach ihrer Art unterschieden und entsprechend sortiert werden können, hierbei wird eine Menge in ihre Teilmengen zerlegt.
Material: unterschiedliche herbstliche Naturmaterialien (z. B. Nüsse, Eicheln, Kastanien etc.), 1 Korb, mehrere Schalen
Alter: ab ca. 2;6 Jahre
Gruppengröße: beliebig
Kurzbeschreibung: Vorab werden die benötigten Materialien im Garten, Park oder Wald gemeinsam gesammelt. Anschließend stellt die Fachkraft den Kindern einen Korb voller herbstlicher Gegenstände zum freien Spiel zur Verfügung. Zunächst setzt sie einen kleinen Spielimpuls. So könnte sie die Kinder anregen:

- alle gleichen Dinge in eine Schale zu sortieren,
- immer 3 Dinge in eine Schale zu legen,
- in eine Schale große, in eine andere kleine Dinge zu legen.

Jetzt zieht sich die Fachkraft in eine beobachtende Rolle zurück: Welche Art des Sortierens fällt den Kindern noch ein?

2 Greifpuzzle-Mix

Mathematischer Lernbereich: Kinder lernen, nach bestimmten Kriterien zu sortieren.
Material: 3 verschiedene Holz-Greifpuzzles, 1 Korb
Alter: ab ca. 2;0 Jahre
Gruppengröße: 3–5 Kinder
Kurzbeschreibung: So ein Durcheinander! Puzzlestücke von unterschiedlichen Greifpuzzles liegen kunterbunt verstreut am Boden und sollen sortiert und weggeräumt werden. Die Kinder sammeln alle Teile gemeinsam auf und legen sie in einen Korb. Die Puzzle-Rahmen liegen auf dem Tisch. Nun ist es Aufgabe der Kinder, die richtigen Teile den unterschiedlichen Rahmen zuzuordnen.

3 Pompons sortieren

Mathematischer Lernbereich: Kinder lernen, nach dem Kriterium „Farbe" zu sortieren.
Material: 1 Tablett, 1 kleiner Korb, Pompons in zwei Farben, 2 durchsichtige Gläser, 1 Zuckerzange
Alter: ab ca. 2;0 Jahre
Gruppengröße: 3–5 Kinder
Kurzbeschreibung: Die Pompons werden in den Korb gefüllt und zwei leere Gläser dazugestellt. Die Kinder sollen die Pompons einzeln aus dem Korb nehmen und nach der Farbe sortieren. Zum Schluss werden alle Pompons zurück in den Korb geleert – das Spiel kann von Neuem beginnen.
Variation: Die Pompons werden mit der Zuckerzange hochgehoben und sortiert. Hier geht es zusätzlich um die Förderung der Handmotorik sowie der Auge-Hand-Koordination.

4 Farben angeln – Formen angeln

Mathematischer Lernbereich: Kinder lernen, nach den Kriterien „Farbe" und „Form" zu sortieren.
Material: Spielmaterialien in Rot, Grün, Gelb und Blau mit geometrischen Formen (Kreis, Dreieck, Viereck), Teppichfliesen in Rot, Grün, Gelb und Blau
Material für die Variation: 4 bemalte Schatzkisten (oder Kartons) in Rot, Grün, Gelb und Blau, mit Magnetfarbe präparierte rote, grüne, gelbe und blaue Knöpfe, magnetische Angeln, 1 Farbwürfel
Alter: ab ca. 2;6 Jahre
Gruppengröße: 3–6 Kinder
Kurzbeschreibung: Die Fachkraft stellt verschiedene Aufgaben. Die Kinder erfüllen diese, indem sie die gewünschten Gegenstände auf ihre Teppichfliese legen, beispielsweise von jeder Farbe jeweils ein Spielmaterial oder von jeder Form jeweils ein Exemplar. Wenn alle Kinder fertig sind, wird besprochen, was jedes Kind auf seine Teppichfliese gelegt hat.
Variation: Ein Kind würfelt mit dem Farbwürfel. Es angelt einen Knopf in der gewürfelten Farbe und legt diesen in die farblich entsprechende Schatzkiste.

5 Kunst sortieren

Mathematischer Lernbereich: Kinder setzen sich mit verschiedenen Sortierkriterien auseinander.
Material: Anregungen und Bücher online unter: www.kunstaufraeumen.ch/de/
Verknüpfter Bildungsbereich: Kunst
Alter: ab ca. 3;0 Jahre
Gruppengröße: beliebig
Kurzbeschreibung: Gemeinsames Betrachten der Bücher, während die Fachkraft die verschiedenen Sortierkriterien mit den Kindern bespricht. Anschließend können die Kinder selber ein Bild nachmalen. Dieses wird entsprechend der Vorlage zerschnitten und neu sortiert auf ein weiteres Blatt Papier geklebt.

6 Chaoskiste in der Lernwerkstatt

Mathematischer Lernbereich: Kinder sortieren nach unterschiedlichen Kriterien.
Material: 1 Kiste, viele verschiedene Dinge (z. B. Steine, Figuren, Kastanien, Klötze etc.), viel Zeit zum Explorieren
Alter: ab ca. 3;6 Jahre
Gruppengröße: beliebig
Kurzbeschreibung: Die Kiste wird mit den Materialien gefüllt und den Kindern zur Verfügung gestellt. Diese sollen sich einigen, nach welchen Kriterien sie die Dinge in der Kiste sortieren möchten, beispielsweise nach Größe, Farbe, Funktion. Danach sortieren die Kinder das Material nach diesen Kriterien.

IMPULSE ZUM KLASSIFIZIEREN

7 Grün, grün, grün ist alles, was ich habe

Mathematischer Lernbereich: Kinder bilden Mengen und lernen die Eins-zu-eins-Zuordnung.
Material: 1 Musikabspielgerät, das Lied „Grün, grün, grün sind alle meine Kleider …"
Alter: ab ca. 3;6 Jahre
Gruppengröße: größere Gruppe
Kurzbeschreibung: Jedes Kind sucht etwas in der entsprechenden Farbe, die gerade besungen wird, und zeigt darauf. Nach jeder Strophe wird die Musik gestoppt und alle Kinder bekommen einen Moment Zeit, um zu sehen, worauf die anderen zeigen. Dabei ist die zusätzliche Benennung sinnvoll. Erzieherin: „Worauf zeigt ihr?", Olaf: „Auf das grüne Spielzeugauto", Miriam: „Auf das grüne Bild an der Wand", Jessica: „Auf den grünen Pullover von Mesud", Mesud: „Auf die Pflanze auf dem Fensterbrett."

8 Turmbau

Mathematischer Lernbereich: Kinder bilden Mengen mit spezifischen Anzahlen an Elementen.
Material: Bauklötze
Alter: ab ca. 3;0 Jahre
Gruppengröße: 2–6 Kinder
Kurzbeschreibung: Die Kinder erhalten die Aufgabe, Türme zu bauen. Entsprechend den folgenden Arbeitsanweisungen kann der Schwierigkeitsgrad dabei zunehmend gesteigert werden. Während die erste Aufgabe dem Aneignen und Festigen der Zahlkenntnisse dient, ist bei den folgenden ein tieferes Verständnis für die Beziehungen zwischen den Zahlen nötig.

1) „Baue einen Turm aus vier Bausteinen!" Hier geht es um die absolute Größe.
2) „Baue einen Turm mit weniger/mehr als vier Bausteinen!" Hier geht es um Zahl und Relation, es sind mehrere Lösungen möglich.
3) „Baue zwei Türme. Der eine soll zwei Steine höher sein als der andere!" Hier geht es um den Mächtigkeitsunterschied, die Mengenbildung und den Mengenvergleich.

Variation: „Baue noch einen Baustein mehr/weniger auf deinen Turm. Aus wie viel Bausteinen besteht dein Turm jetzt?" Diese Ergänzung dient dem Erwerb und der Festigung des Zahlenraumes.

9 Tanzende Socken

Mathematischer Lernbereich: Kinder lernen, nach dem Kriterium „Farbe“ zu klassifizieren.
Material: verschiedenfarbige Socken
Verknüpfter Bildungsbereich: Bewegung
Alter: ab ca. 3;6 Jahre
Gruppengröße: mind. 8 Kinder
Kurzbeschreibung: Die Kinder dürfen sich zwei ungleiche Socken ihrer Wahl überziehen. Sind alle Kinder fertig sind, erklärt die Fachkraft die Spielregeln: Wenn die Musik erklingt, beginnen die Socken zu tanzen. Sobald sie stoppt, müssen die Kinder ganz schnell eine kleine Aufgabe erfüllen:

- „Alle Kinder, die eine blaue Socke tragen, laufen jetzt zur Tür!“
- „Alle Kinder, die eine grüne Socke tragen, kriechen auf den Tisch!“
- „Alle Kinder, die eine rote Socke anhaben, gehen zum Fenster!“
- „Alle Kinder, die eine gelbe Socke tragen, setzen sich auf einen Stuhl!“

10 Ober- und Unterbegriffe finden

Mathematischer Lernbereich: Kinder lernen, Gegenstände zu klassifizieren, indem sie Mengen nach Ober- und Unterbegriffen bilden.
Material: Beliebige, aber verschiedene Materialien (z. B. viele verschiedene Knöpfe und viele verschiedene Spielfiguren); es muss möglich sein, verschiedene Gruppen zu bilden.
Alter: ab ca. 3;6 Jahre
Gruppengröße: 3–6 Kinder
Kurzbeschreibung: Die Kinder betrachten die Materialien und benennen deren unterschiedlichen Eigenschaften. Beispielsweise handelt es sich um Knöpfe und Spielfiguren. Nun fragt die Fachkraft: „Wonach kann man diese Dinge unterscheiden?“ Es schließt sich eine Aufgabe an wie „Sucht alle gelben Spielfiguren heraus“, und „Sucht alle kleinen gelben Spielfiguren heraus.“ Die Fachkraft stellt außerdem die jeweils dazugehörige Gegenfrage: „Warum kommen die anderen Dinge (z. B. gelbe Knöpfe) nicht dazu?“

8 MUSTERFOLGEN, STRUKTUREN UND SYMMETRIEN

Mathematik wird auch als Wissenschaft der Muster und Strukturen beschrieben. Dabei entstehen Muster bzw. Musterfolgen durch regelmäßige Wiederholungen. Ein roter Stein, ein blauer Stein, ein roter Stein, ein blauer Stein: Das ist eine einfache Musterfolge, die sich durch Wiederholung ergeben hat und dadurch eine Struktur bildet. Die Bestandteile der Musterfolgen – hier die roten und blauen Steine – bilden eine relationale Beziehung von Objekten. Das bedeutet: Nach dem roten Stein kommt immer der blaue Stein, nach dem blauen Stein kommt immer der rote Stein. Wenn Kinder anfangen, Musterfolgen zu erkennen, haben sie einen ganz großen Schritt gemacht – sowohl in ihrer Möglichkeit, die Welt zu erfassen, als auch in der Welt der Mathematik. Es hat sich gezeigt, dass es bei Musterfolgen die folgende Steigerung von Schwierigkeitsgraden gibt:

1. 
2. 
3. 
4. 
5. 
6. 
7. 
8. 
9. 
10. 

Es lassen sich gleichzeitig verschiedene und aufsteigend schwierige Tätigkeiten unterscheiden: Am einfachsten ist es, eine Musterfolge zu erkennen. Schon schwieriger ist es, eine Musterfolge richtig fortzusetzen, noch schwieriger ist es, ein Muster richtig zu beschreiben. Gelingt Kindern das, dann können sie eine Musterfolge selber erfinden oder eine Musterfolge auf ein anderes Material übertragen. Ganz besonders herausfordernd ist es, zu erkennen, dass bei einer Musterfolge irgendetwas nicht stimmt und sie „repariert" werden muss.

LERNZIELE

- Musterfolgen aus drei verschiedenen Elementen erkennen und bilden können
- Einfache Musterfolgen beschreiben und unter Umständen sogar Fehler in ihnen erkennen

AUFGEPASST

Erwachsene sind es gewohnt, Musterfolgen automatisch zu erkennen. Sie richten keine oder kaum Gedanken auf die damit getätigte Abstraktionsleistung. Es ist wichtig, Kinder nicht zu überfordern, aber immer wieder zu neuen Entdeckungen anzuregen.

FÜR SIE IN DEN BILDUNGSPLAN GESCHAUT

Sachsen-Anhalt: „Mathematik ist die Wissenschaft der Muster. Muster in all ihren Variationen begegnen uns überall. In der Natur und im Universum, in Raum und Zeit, in der Architektur, in der Musik und Malerei. Der Mensch folgt Verhaltens- und Bewegungsmustern. Sprachen und Kulturen weisen spezifische Muster auf. Muster sind sinnlich wahrnehmbar oder in der Phantasie vorgestellt, zufällig entstanden oder sorgfältig konstruiert. Sie sind starr oder beweglich, zweckgerichtet oder zweckfrei. Manche sind mittels Zahlen erfassbar, viele andere aber nicht. Mathematik ist also eine bestimmte Art und Weise der Betrachtung und Interpretation von Welt" (S. 132).

Sachsen: „Das Erkennen von Regelmäßigkeiten z. B. in Mustern oder Mosaiken hat etwas damit zu tun, wie Menschen wahrnehmen, diese Sinneseindrücke ordnen und wie sie in der Lage sind, neue Muster zu (er-)finden. Dabei werden Zusammenhänge (Gemeinsamkeiten und Unterschiede) erkannt. Muster können Kinder an verschiedenen Orten finden und entdecken: Auf einer Flickendecke, auf dem Badezimmerfußboden oder wenn man die Kästchen auf kariertem Papier ausmalt, auf Gehwegen, an Fassaden oder Decken und Kissen. Aber auch in der Natur gibt es Muster: Spinnennetze, die Bienenwaben und das Fell der Giraffe. Welche Ordnung liegt diesen Mustern zugrunde? Auf diese Frage können Kinder selbst eine Antwort finden, indem sie mit Papier und Stuft die vorliegenden Muster abzeichnen oder sie fotografieren und sie anschließend vergleichen und beschreiben. Hilfestellungen können folgende Fragen geben: Sind die Muster regelmäßig? Oder auch: Warum hat eine Spinne sechs [sic!] Beine und nicht drei?" (S. 136).

IMPULSE

1 Musterpunkte malen

Mathematischer Lernbereich: Kinder entwickeln ein Grundverständnis für einfache Musterfolgen.
Material: 1 großes Blatt Papier, Fingerfarben
Verknüpfter Bildungsbereich: Kunst
Alter: ab 2;6 Jahre
Gruppengröße: 1 Kind
Kurzbeschreibung: Die Fachkraft malt eine einfache Musterfolge vor, beispielsweise einen kleinen roten Kreis, einen kleinen blauen Kreis, einen kleinen roten Kreis, einen kleinen blauen Kreis etc. Das Kind malt diese Musterfolge mit Fingerfarben nach.

2 Masse, Material, Muster

Mathematischer Lernbereich: Kinder machen Erfahrungen mit Musterfolgen und erforschen verschiedene Möglichkeiten, Musterfolgen zu legen.
Material: viele gleichartige Dinge mit leichten Variationen, etwa mehrere Hundert Eislöffel in unterschiedlichen Farben oder viele verschiedene Kronkorken
Alter: ab ca. 3;0 Jahre
Gruppengröße: 1–5 Kinder
Kurzbeschreibung: Eine große Anzahl gleichartiger Dinge wird auf einem möglichst schlichten Untergrund (einfarbiger Fußboden) ausgebreitet. Dann beginnt die Fachkraft, eine einfache Musterfolge zu legen und regt die Kinder an, eigene Musterfolgen zu erfinden. Am Ende werden die verschiedenen Folgen besprochen und ihre Besonderheiten benannt.

3 Spiralen legen

Mathematischer Lernbereich: Kinder machen Erfahrungen mit Musterfolgen und erforschen verschiedene Möglichkeiten, Musterfolgen zu legen.
Material: viele gleichartige Dinge mit leichten Variationen, etwa mehrere Hundert Eislöffel in unterschiedlichen Farben oder viele verschiedene Kronkorken
Alter: ab ca. 3;0 Jahre
Gruppengröße: Kleingruppe oder Einzelspiel
Kurzbeschreibung: Eine große Anzahl gleichartiger Dinge wird auf einem möglichst schlichten Untergrund (einfarbiger Fußboden) ausgebreitet. Dann beginnt die Fachkraft, eine Spirale zu legen. Die Kinder werden zunächst aufgefordert, die Spirale fortzusetzen. In einem zweiten Schritt erfinden die Kinder eigenständig Spiralen. In einem dritten Schritt können dann Spiralen in einer Musterfolge verbunden werden.

4 Musterfolgen mit Perlen bilden

Mathematischer Lernbereich: Kinder machen Erfahrungen mit Musterfolgen und erforschen verschiedene Möglichkeiten, Musterfolgen zu legen.
Material: verschiedenartige Perlen, Bänder zum Auffädeln
Verknüpfter Bildungsbereich: Kunst
Alter: ab ca. 3;0 Jahre
Gruppengröße: bis zu 5 oder 6 Kinder
Kurzbeschreibung: Die Fachkraft bespricht mit den Kindern die Unterschiede der Perlen und beginnt, ein Muster aufzufädeln. Auch dieses bespricht sie mit den Kindern. Diese sollen sich ein eigenes Muster ausdenken, die dafür notwendigen Perlen zusammensuchen und sie in der richtigen Reihenfolge auffädeln.

5 Musterfolgen stempeln

Mathematischer Lernbereich: Kinder machen Erfahrungen mit Musterfolgen und explorieren verschiedene Möglichkeiten, Musterfolgen zu legen.
Material: verschiedene selbst gemachte Kartoffelstempel, Papier
Verknüpfter Bildungsbereich: Kunst
Alter: ab ca. 3;0 Jahre
Gruppengröße: bis zu 5 oder 6 Kinder
Kurzbeschreibung: Mit den Kindern werden die verschiedenen Stempel ausprobiert und besprochen. Die Fachkraft stempelt dabei eine einfache Musterfolge vor. Die Kinder können nun die Musterfolge fortsetzen oder eigenständig Musterfolgen erfinden.

6 Musterfolgen reparieren

Mathematischer Lernbereich: Kinder machen Erfahrungen mit Musterfolgen und explorieren verschiedene Möglichkeiten, Musterfolgen zu legen.
Material: 1 vorbereitetes Bild mit einer korrekten Musterfolge, mehrere vorbereitete Bilder mit Musterfolgen, in denen sich ein Fehler eingeschlichen hat (Beispiel: roter Punkt, blaues Quadrat, roter Punkt, blaues Quadrat, roter Punkt, grünes Dreieck, roter Punkt, blaues Quadrat), ausgeschnittene Musterfolgenbestandteile (rote Punkte, blaue Quadrate, grüne Dreiecke), Kleber
Alter: ab ca. 4;6 Jahre
Gruppengröße: bis zu 5 oder 6 Kinder
Kurzbeschreibung: Die Fachkraft bespricht mit den Kindern die korrekte Musterfolge und nach welchem System sie angeordnet ist. Anschließend wird eine fehlerhafte Musterfolge besprochen und geprüft, wo der Fehler liegt. Jetzt wird gemeinsam überlegt, wie er zu reparieren wäre. Hierfür werden die ausgeschnittenen Musterfolgenbestandteile als Korrektur-Elemente genutzt.

Die Kinder können anschließend eigenständig die weiteren fehlerhaften Musterfolgen untersuchen und reparieren.

7 Symmetrien in der Natur entdecken

Mathematischer Lernbereich: Kinder befassen sich mit Symmetrien in der Natur.
Material: alles, was in der Natur gefunden wird
Verknüpfter Bildungsbereich: Natur
Alter: ab ca. 3;6 Jahre
Gruppengröße: bis zu 5 Kinder
Kurzbeschreibung: Draußen in der Natur sind viele Symmetrien oder Quasi-Symmetrien zu finden. Blätter an Bäumen etwa weisen meist eine Symmetrie-ähnliche Struktur auf: Es gibt eine Mitte, die durch eine Ader erkennbar ist. Rechts und links dieser Ader sehen die Blätter-Hälften sehr ähnlich aus. Die Fachkraft pflückt ein beliebiges Blatt und bespricht mit den Kindern, was sie sehen. Am Anfang wird den Kindern die Symmetrie sicherlich nicht auffallen. Aber wenn sie erst einmal darauf aufmerksam gemacht wurden, können sie erkunden, wo sich noch überall Symmetrien finden.

8 Der schöne Schmetterling

Mathematischer Lernbereich: Kinder befassen sich mit Symmetrien.
Material: Papier, Buntstifte
Verknüpfter Bildungsbereich: Kunst
Alter: ab ca. 4;6 Jahre
Gruppengröße: Kleingruppe mit bis zu 5 Kindern
Kurzbeschreibung: Die Fachkraft hat auf einem Blatt Papier die Umrisse eines Schmetterlings vorgemalt. Sie bespricht mit den Kindern die Besonderheit eines Schmetterlings und faltet das Papier so, dass die Symmetrie gut zu erkennen ist. Jetzt malen die Kinder den Schmetterling bunt an.

9 Blotspot-Bilder erstellen

Mathematischer Lernbereich: Kinder befassen sich mit Symmetrien.
Material: Papier, Fingerfarben
Verknüpfter Bildungsbereich: Kunst
Alter: ab ca. 3;0 Jahre
Gruppengröße: Kleingruppe mit bis zu 5 Kindern
Kurzbeschreibung: Das Blatt wird so gefaltet, dass es in zwei Teile halbiert wird. Das Kind malt nun auf der einen Hälfte ein Bild, ohne die Falz zu übermalen. Dabei ist darauf zu achten, dass die Farbe feucht bleibt. Wenn das Bild fertig ist, klappt das Kind sein Blatt zusammen und wieder auf. Jetzt ist das zunächst auf der einen Hälfte gemalte Bild quasi gespiegelt worden.

9 RAUM ERKUNDEN UND BAUEN

Schon sehr jung fangen Kindern an, den Raum um sich zu erkunden und die eigene Position in ihm wahrzunehmen, und können immer besser die Position von anderen Dingen im dreidimensionalen Raum beschreiben. Sprachlich kommen hier die Verhältniswörter des Ortes (Lokalpräpositionen) zum Einsatz: an, auf, neben, unter, hinter, in, über, unter, vor, zwischen, außen, innen, oberhalb, unterhalb.

Kinder lernen außerdem, dass es bei der Bestimmung der Position immer auf die Perspektive des Betrachters ankommt: Wenn sich zwei Menschen gegenüberstehen, sich an den Händen fassen, und gemeinsam jeweils einen Arm heben, dann hat der eine Mensch den rechten und der andere den linken Arm oben. Auch die Frage, was vor dem Stuhl und hinter ihm ist, hängt sehr davon ab, wo man sich befindet.

Erfahrungen mit dem dreidimensionalen Raum machen Kinder auch dann, wenn sie anfangen, zu bauen und mit den Bauten zu spielen: Da steht ein Auto zunächst auf der Straße, später in der Garage, noch später sitzt eine Puppe im Auto …

Wichtig ist, dass Fachkräfte Kinder zum genauen Beschreiben anregen und bei sich selbst auf exakte sprachliche Äußerungen achten. Sitzt die Gruppe beispielsweise im Morgenkreis und die Fachkraft sagt: „Schaut euch mal alle den Ball da rechts an", dann ist das eine ungenaue Aufforderung. Denn je nach Sitzposition eines Kindes ist „rechts" an einem ganz unterschiedlichem Ort.

LERNZIELE

- Rechts und links unterscheiden
- Die Lage eines Dings im Raum beschreiben können

AUFGEPASST

Angaben zur räumlichen Lage werden in der deutschen Sprache mit lokalen Präpositionen (an, auf, hinter, in, neben, über, unter, vor, zwischen) gebildet. In einigen Sprachen, z. B. im Türkischen, funktioniert das anders. Dort werden die Ortsangaben durch den Lokativ (einen zusätzlichen Fall in der Grammatik, den das Deutsche nicht besitzt) gebildet. Auch das Russische nutzt für Ortsangaben einen zusätzlichen Fall, den Präpositiv. Kinder, deren Familiensprache nicht Deutsch ist, haben deswegen manchmal Schwierigkeiten, die deutsche Art der Ortsangabe zu benutzen.

FÜR SIE IN DEN BILDUNGSPLAN GESCHAUT

Baden-Württemberg: „Mädchen und Jungen Möglichkeiten zur Raumerfahrung zu geben, hat neben der Förderung der motorischen Geschicklichkeit weitere Wirkungen: Entwicklung der Fantasie, das Erleben von Gemeinschaftsgefühl, das Trainieren von Ausdauer und Durchhaltevermögen und das Ausloten von persönlichen Grenzen. Ganz ‚nebenbei' machen Kinder auch geometrische Grunderfahrungen" (S. 66).
Bayern: „In der Raumerfahrung und Bewegung werden Dimensionen (wie hoch, schnell, lang, diagonal) auch als geometrische Muster (z. B. in Räumen, Fenstern, Bällen) wieder entdeckt. Im Gruppenraum können Kinder Raum-Lage-Beziehungen erfahren, indem sie gegensätzliche Raum-Lage-Positionen einnehmen: Ein Kind sitzt unter dem Tisch; ein anderes Kind setzt sich auf den Tisch. Ein Kind geht in den Garten, ein anderes Kind bleibt im Gruppenraum. Ein Kind stellt sich hinter den Schrank; ein anderes stellt sich vor den Schrank. Über diese räumlichen Gegensatz-Erfahrungen entwickeln Kinder erste räumliche Vorstellungen. Sie gewinnen dadurch Sicherheit in der Orientierung, lernen ihre räumlichen Bewegungen bewusst wahrzunehmen und zu steuern und erhalten dadurch ein umfassendes Bild von räumlichen Dimensionen und Beziehungen" (S. 247).
Bremen: „Eine entscheidende Grundlage für die Entwicklung eines mathematischen Verständnisses ist die bewusste Wahrnehmung der räumlichen Konstellationen. Die Fachkräfte haben dafür auch auf die genaue Bezeichnung der Raumverhältnisse zu achten (oben – unten, vorne – hinten etc.)" (S. 30).

IMPULSE

1 Mein rechter, rechter Platz ist leer, ich wünsche mir … her

Mathematischer Lernbereich: Kinder setzen sich mit der Bedeutung von rechts und links auseinander. Gleichzeitig lernen sie die Namen der Kinder ihrer Gruppe kennen.
Material: --
Alter: ab ca. 3;6 Jahre
Gruppengröße: beliebig

Kurzbeschreibung: Die Kinder sitzen im Stuhlkreis, ein zusätzlicher Stuhl wird dazugestellt. Das Kind, neben dem rechts der freie Stuhl steht, sagt nun: „Mein rechter, rechter Platz ist leer, ich wünsche mir … her." Das angesprochene Kind wechselt den Platz und das nächste Kind ist dran. Nachdem alle Kinder einmal den Platz gewechselt haben, lässt sich das Spiel auch noch einmal mit „Mein linker, linker Platz ist leer, ich wünsche mir … her" spielen.

2 Zipp-Zapp, rutsch nach rechts, rutsch nach links

Mathematischer Lernbereich: Kinder setzen sich mit der Bedeutung von rechts und links auseinander.
Material: --
Alter: ab ca. 3;6 Jahre
Gruppengröße: beliebig
Kurzbeschreibung: Die Kinder sitzen im Stuhlkreis, ein Kind steht in der Mitte. Es gibt also einen Stuhl weniger, als es Kinder gibt. Das Kind in der Mitte kann zwischen drei Ansagen wählen: Sagt es „Zipp", dann rutschen alle Kinder einen Platz nach links. Sagt es „Zapp", dann rutschen alle Kinder einen Platz nach rechts. Sagt es „Zipp-Zapp", müssen alle Kinder den Platz wechseln, dürfen aber nicht auf die direkt neben ihnen liegenden Stühle rutschen, sondern müssen den Kreis durchqueren. Jetzt versucht das Kind in der Mitte, sich einen Platz zu ergattern. Wenn es einen Sitzplatz bekommen hat, steht ein anderes Kind in der Mitte.

3 Spring ins Feld

Mathematischer Lernbereich: Kinder setzen sich mit Richtungsangaben auseinander.
Material: Kreide oder Kreppband, 1 Stein
Verknüpfter Bildungsbereich: Bewegung
Alter: ab ca. 4;6 Jahre
Gruppengröße: 4–10 Kinder
Kurzbeschreibung: Im Vorfeld wird auf dem Boden ein Feld aus Quadraten aufgemalt oder geklebt. Es sollte 10 mal 10 Quadrate groß sein; jedes Quadrat sollte in etwa 30 mal 30cm groß sein, sodass ein Kind gut von Quadrat zu Quadrat hüpfen kann.
Die Fachkraft legt den Stein in ein beliebiges Quadrat, dort wird gestartet. Ein Kind, der Springer, geht zu diesem Feld und hebt den Stein auf. Ein anderes Kind beschreibt dem Springer den Weg, den er hüpfen soll: „Zwei Kästchen nach vorn, eines nach rechts." Der Springer hüpft die vorgegebene Strecke nach und legt den Stein ab. Nun ist das nächste Kind dran.

4 Bau den Turm nach

Mathematischer Lernbereich: Kinder entwickeln eine Vorstellung von Räumlichkeit.
Material: Bausteine
Alter: ab ca. 3;6 Jahre
Gruppengröße: bis zu 4 Kinder
Kurzbeschreibung: Die Fachkraft baut einen einfachen Turm aus Bausteinen. Die Kinder sitzen ihr gegenüber und sollen den Turm identisch in Form und Farbe nachbauen. Dabei wird darüber gesprochen, warum die Türme gleich oder eben auch ungleich aussehen, wenn ein Kind etwas anders gemacht hat.

5 Bauen nach Plan

Mathematischer Lernbereich: Kinder entwickeln eine Vorstellung von Räumlichkeit und lernen, von zweidimensionalen Vorlagen ausgehend dreidimensionale Gebilde zu bauen.
Material: vorbereitete zweidimensionale Vorlagen, die mit verschiedenfarbigen Bausteinen gebaute Gebilde zeigen
Alter: ab ca. 3;6 Jahre
Gruppengröße: bis zu 4 Kinder
Kurzbeschreibung: Die Kinder bekommen eine Vorlage und bauen diese gemeinsam nach. Die Fachkraft regt das Gespräch darüber an, wie die Kinder vorgehen müssen, damit das Gebäude aussieht wie auf der Vorlage.

6 Bauen nach Plan für Expertinnen und Experten

Mathematischer Lernbereich: Kinder entwickeln eine Vorstellung von Räumlichkeit. Sie lernen, von zweidimensionalen Vorlagen ausgehend dreidimensionale Gebilde zu bauen und dabei auch nicht erkennbare Bereiche zu antizipieren.
Material: Vorbereitete zweidimensionale Vorlagen, die mit verschiedenfarbigen Bausteinen gebaute Gebilde zeigen. Allerdings fehlt in der Zeichnung durch die Wahl der Perspektive ein Bereich des Gebildes.
Alter: ab ca. 3;6 Jahre
Gruppengröße: bis zu 4 Kinder
Kurzbeschreibung: Die Kinder bekommen eine Vorlage und bauen diese gemeinsam nach. Die Fachkraft regt das Gespräch darüber an, wie die Kinder vorgehen müssen, damit das Gebäude aussieht wie auf der Vorlage.

7 Über, auf und neben

Mathematischer Lernbereich: Kinder befassen sich mit dem Verhältnis von Dingen im dreidimensionalen Raum und mit den einschlägigen Präpositionen.
Material: Gestaltete Bildkarten, die zwei Dinge in unterschiedlichem Verhältnis zueinander zeigen, beispielsweise eine Puppe und einen Tisch: Die Puppe sitzt mal auf dem Tisch, mal unter dem Tisch, mal rechts, mal links daneben etc.; die dazu passenden Gegenstände (1 Puppe, 1 Tisch).
Verknüpfter Bildungsbereich: Sprache
Alter: ab ca. 3;6 Jahre
Gruppengröße: 2–6 Kinder
Kurzbeschreibung: Die Fachkraft zeigt den Kindern eine Bildkarte und bespricht mit ihnen, wo die Puppe sich im Verhältnis zum Tisch befindet. Jetzt ziehen die Kinder die Puppe und den Tisch hinzu und stellen das Verhältnis von Puppe und Tisch nach. Die Kinder müssen sich dafür auf Anweisungen einigen, die Fachkraft setzt diese dann um. Anschließend werden Karte und Nachbildung verglichen.

8 Der Bär in der Kiste

Mathematischer Lernbereich: Kinder befassen sich mit dem Verhältnis von Dingen im dreidimensionalen Raum und mit den einschlägigen Präpositionen.
Material: 1 Kiste oder Karton, 1 Teddybär
Verknüpfter Bildungsbereich: Sprache
Alter: ab ca. 3;6 Jahre
Gruppengröße: 2–6 Kinder
Kurzbeschreibung: Der Bär sitzt in der Kiste. Die Kinder sitzen davor, während ein Kind den Bären herumtoben lässt und ständig dessen Position wechselt. Mal will er vor die Kiste, mal dahinter, dann wieder rechts daneben, dann darunter. Die Kinder kommentieren, was der Bär gerade macht.

10 FLÄCHENFORMEN

Ebene Flächen lassen sich auf viele verschiedene Arten strukturieren. Die bekanntesten Flächenformen sind X-Ecke – Dreiecke, Vierecke, Fünfecke etc. – und Kreise. Die X-Ecke lassen sich wiederum unterscheiden in Rechtecke und Trapeze, Drachen und Parallelogramme. Außerdem gibt es ein ganz besonderes Rechteck: das Quadrat. Kinder lieben es, mit den verschiedenen Formen zu experimentieren.
Fachkräfte sollten darauf Wert legen, dass die Kinder die jeweiligen Eigenschaften der X-Ecke etc. erkennen und beschreiben können. Dafür sollten sie unterschiedliche Dreiecke und Vierecke, aber auch Fünf- und Sechsecke kennenlernen und mit ihnen experimentieren können. Eine spannende Frage ist etwa, wie ein Dreieck beschaffen sein muss, damit sich aus ihm ein Quadrat legen lässt. Und aus welchen Dreiecken lassen sich Drachen legen?
Auch wenn die Kinder die passenden Worte nicht unbedingt kennen müssen – Fachkräfte sollten sie benutzen. Sie sollten außerdem ein gleichschenkliges und ein gleichseitiges Dreieck unterscheiden können sowie die verschiedenen Vierecke und ihre Zusammenhänge kennen. Sucht man im Internet nach „Haus der Vierecke" und „Haus der Dreiecke", finden sich zahlreiche Abbildungen. Diese können nachgebildet und als Anregung im Gruppenraum aufgehängt werden.

LERNZIELE

- Die grundlegendsten Flächenformen unterscheiden können: Dreieck, Viereck, Kreis
- Die Eigenschaften der Flächenformen richtig beschreiben können
- Verschiedene Arten einer Flächenform als Unterarten der Flächenform erkennen, beispielsweise den Unterschied zwischen Rechteck, Trapez, Drachen

AUFGEPASST

1) In Bilderbüchern, Vorschulheften u. Ä. werden häufig gleichseitige Dreiecke mit der Grundseite parallel zur Unterkante der Seite abgebildet. Einige Kinder nehmen diese Darstellungsform auf und benennen ausschließlich diese Art der Darstellung als gleichseitiges Dreieck. Deswegen ist es wichtig, dass die Kinder verschiedene Darstellungsformen und unterschiedliche Dreiecke kennenlernen.
2) In manchen Kontexten wird zwischen Quadrat und Rechteck unterschieden. Es ist wichtig zu wissen, dass jedes Quadrat ein Rechteck ist, aber nicht jedes Rechteck ein Quadrat. Die Aufforderung „Gib mir alle Rechtecke" schließt also auch die Quadrate mit ein.

FÜR SIE IN DEN BILDUNGSPLAN GESCHAUT

Niedersachsen: „Die kreative Gestaltung des Raumerlebens [...] führt auch zur Auseinandersetzung mit den Eigenschaften verschiedener Körper (z. B. Würfel, Quader, Kugel) und Flächen (Quadrat, Rechteck, Dreieck ...)" (S. 25).
Sachsen: „Linie, Punkt, Kreis, Dreieck, Quadrat und unregelmäßige Figuren begegnen Kindern in vielerlei Kontexten. Beim Zeichnen und Malen sind Linien und Punkte in der Kritzelphase zu erkennen. Und wenn sie beginnen, sich selbst darzustellen, kommen Kreise hinzu (‚Kopffüßler'). Je differenzierter der Blick des Kindes auf die Welt wird, desto mehr verändern sich seine Zeichnungen. Auf vielen Zeichnungen sind dann Häuser zu erkennen und somit auch die Formen eines Rechteckes und unregelmäßige Figuren" (S. 138).
Nordrhein-Westfalen: „Kindern wird die Möglichkeit gegeben, [...] geometrische Grundformen und ihre Eigenschaften zu unterscheiden und in der Umwelt wiederzuerkennen" (S. 116).

IMPULSE

1 Ein Dreieck, ein Viereck, ein Kreis

Mathematischer Lernbereich: Kinder beginnen, sich mit Flächenformen auseinanderzusetzen, lernen deren Eigenschaften und Namen kennen.
Material: 1 Dreieck, 1 Viereck, 1 Kreis
Alter: ab ca. 3;0 Jahre
Gruppengröße: beliebig
Kurzbeschreibung: Die Fachkraft zeigt eine Flächenform und bespricht mit den Kindern ihre Eigenschaften: Wie viele Seiten gibt es? Wie viele Ecken? Wodurch unterscheiden sie sich? Was ist das Gemeinsame daran?

2 Formenfernrohr

Mathematischer Lernbereich: Kinder lernen die Flächenformen Dreieck, Viereck und Kreis zu benennen und entdecken sie in ihrer Umwelt wieder.
Material: 3 Papprollen pro Kind (z. B. Toilettenpapier-, Küchenpapierrollen), dickes Papier, Schere, Klebstoff
Alter: ab ca. 3;0 Jahre
Gruppengröße: beliebig
Kurzbeschreibung: Aus den Papprollen basteln die Kinder gemeinsam mit der Fachkraft 3 Formenfernrohre pro Kind: Das Ende einer Papprolle wird mit einem Stück Papier zugeklebt, aus dem vorher ein Dreieck (Viereck, Kreis) ausgeschnitten wurde. Blickt das Kind durch seine verschiedenen Formenrohre, sieht es einmal einen dreieckigen, einmal einen viereckigen und einmal einen kreisförmigen Ausschnitt seiner Umwelt. Alle Kinder nehmen nun gleichzeitig das gleiche Formenfernrohr (z. B. Kreis). Sie sollen dann im Gruppenraum oder im Außengelände der Kita dem Ausschnitt entsprechende Formen finden (z. B. Ball, Rad, Nestschaukel etc.). Anschließend zeigen sie, wo sie die Formen gefunden haben, und erzählen, was das Besondere an ihnen ist. Danach kommt das nächste Formenfernrohr dran.

3 Ein Dreieck, ein Viereck, was dann?

Mathematischer Lernbereich: Kinder setzen sich damit auseinander, dass es nicht nur Dreiecke und Vierecke, sondern auch Fünf-, Sechs- und X-Ecke gibt.
Material: Dreiecke, Vierecke, Fünfecke, X-Ecke
Alter: ab ca. 3;6 Jahre
Gruppengröße: beliebig
Kurzbeschreibung: Die Fachkraft zeigt eine Flächenform und bespricht mit den Kindern ihre Eigenschaften: „Wie viele Seiten?", „Wie viele Ecken?", „Wodurch unterscheiden sie sich?", „Was ist das Gemeinsame?", „Wo findet man die Drei-, Vier-, Fünf- und Sechsecke in der Kita?". Es werden zunächst Dreiecke, Vierecke, Fünfecke und Sechsecke genutzt, später können auch noch weitere X-Ecke hinzukommen.

4 Viele verschiedene Dreiecke

Mathematischer Lernbereich: Kinder setzen sich damit auseinander, dass es verschiedene Dreiecke gibt.
Material: jeweils mehrere Exemplare eines gleichschenkligen, eines gleichseitigen, eines spitzwinkligen, eines stumpfwinkligen und eines rechtwinkligen Dreiecks; 1 Plakat, das diese Dreiecke abbildet
Alter: ab ca. 3;6 Jahre
Gruppengröße: beliebig
Kurzbeschreibung: Die Fachkraft zeigt eine Flächenform und bespricht mit den Kindern ihre Eigenschaften: „Wie viele Seiten?", „Wie viele Ecken?", „Wodurch unterscheiden sie sich?", „Was ist das Gemeinsame?".

5 Viele, viele Dreiecke

Mathematischer Lernbereich: Kinder erforschen die Eigenschaften verschiedener Dreiecke.
Material: Jeweils sehr viele (mind. 40) Exemplare eines gleichschenkligen, eines gleichseitigen, eines spitzwinkligen, eines stumpfwinkligen und eines rechtwinkligen Dreiecks. Jede Dreiecksart gibt es in zwei verschiedenen Farben.
Alter: ab ca. 3;6 Jahre
Gruppengröße: beliebig
Kurzbeschreibung: Die Kinder spielen mit den verschiedenen Dreiecken (freies Spiel) und beginnen damit, Musterfolgen zu legen und andere geometrische Formen aus ihnen zu bilden.

6 Viele verschiedene Vierecke

Mathematischer Lernbereich: Kinder setzen sich damit auseinander, dass es verschiedene Vierecke gibt.
Material: Jeweils mehrere Exemplare eines Trapezes, eines gleichschenkligen Trapezes, eines Drachens, eines Parallelogramms, einer Raute, eines Rechtecks und eines Quadrats; 1 Plakat, das diese Vierecke abbildet. Anregung: Im Internet finden sich unter dem Suchbegriff „Haus der Vierecke" entsprechende Vorlagen.
Alter: ab ca. 3;6 Jahre
Gruppengröße: beliebig
Kurzbeschreibung: Die Fachkraft zeigt eine Flächenform und bespricht mit den Kindern ihre Eigenschaften: „Wie viele Seiten?", „Wie viele Ecken?", „Wodurch unterscheiden sie sich?", „Was ist das Gemeinsame?".

7 Viele, viele Vierecke

Mathematischer Lernbereich: Die Kinder erforschen die Eigenschaften verschiedener Vierecke.
Material: Jeweils sehr viele (mind. 40) Exemplare eines Trapezes, eines gleichschenkligen Trapezes, eines Drachens, eines Parallelogramms, einer Raute, eines Rechtecks und eines Quadrats. Jede Vierecksart gibt es in zwei verschiedenen Farben.
Alter: ab ca. 3;6 Jahre
Gruppengröße: beliebig
Kurzbeschreibung: Die Kinder spielen mit den verschiedenen Vierecken (freies Spiel) und beginnen damit, Musterfolgen zu legen und andere geometrische Formen aus ihnen zu bilden.

8 Ein Baum aus Dreiecken

Mathematischer Lernbereich: Kinder erforschen die Eigenschaften verschiedener Dreiecke.
Material: buntes Papier, Schere, Kleber
Verknüpfter Bildungsbereich: Kunst; passt gut zur Vorweihnachtszeit
Alter: ab ca. 3;0 Jahre
Gruppengröße: beliebig
Kurzbeschreibung: Die Aufgabe ist es, einen Baum zu basteln, der ausschließlich aus verschiedenen Dreiecken besteht. Die Kinder schneiden zunächst viele verschiedene Dreiecke aus und kleben diese dann später auf einem großen Papier zu einem Baum zusammen. Die Ergebnisse können als Ausstellung aufbereitet und in der Kita präsentiert werden.

9 Tangram

Mathematischer Lernbereich: Kinder setzen sich explorierend mit Flächenformen auseinander.
Material: Mehrere Exemplare des Spiels Tangram, Figuren-Vorlagen; Anregung: Im Internet finden sich unter dem Suchbegriff „Tangram" entsprechende Vorlagen.
Alter: ab ca. 4:0 Jahre
Gruppengröße: beliebig
Kurzbeschreibung: Die Fachkraft erkundet mit den Kindern die Bestandteile eines Tangrams. Gemeinsam legen sie mit einer einfachen Vorlage eine Figur nach. Anschließend erhalten die Kinder eigene Vorlagen und legen diese nach. Dabei oder danach erzählen sie, was sie gelegt haben und wie sie das gemacht haben.

10 Die Wand der Flächenformen

Mathematischer Lernbereich: Kinder setzen sich explorierend mit Flächenformen auseinander.
Material: Vorlagen verschiedener Flächenformen: verschiedene Dreiecke, verschiedene Vierecke, Fünfecke, Sechsecke, Kreise, Ellipsen sowie verschiedene Bastelmaterialien, Schere, Kleber
Verknüpfter Bildungsbereich: Kunst
Alter: ab ca. 3;0 Jahre
Gruppengröße: beliebig
Kurzbeschreibung: Fachkraft und Kinder gestalten gemeinsam eine Wand der Flächenformen. Hierfür besprechen sie zuerst, welche Formen sie herstellen wollen und wie diese gestaltet werden sollen. Nachdem die Formen gebastelt wurden, werden sie auf der „Wand der Flächenformen" angebracht. Das Ergebnis wird in der Kita ausgestellt.

11 DREIDIMENSIONALE KÖRPER

Beim Bauen mit Bauklötzen bilden Kinder aus Quadern neue Gebilde. Manchmal wird ein Haus daraus, manchmal eine Pyramide, und manchmal steht das Gebilde schief und fällt um. Wenn Kinder draußen herumtoben, lernen sie einen abgestumpften Ikosaeder kennen – das ist die mathematisch korrekte Bezeichnung für einen Fußball. Aus bestimmten Dreiecken lässt sich eine Pyramide bauen, aus bestimmten Vierecken ein Würfel, aus Fünfecken ein Dodekaeder – nur aus Sechsecken kann man keinen dreidimensionalen Körper bauen. Der Fußball ist daher ein besonderer dreidimensionaler Körper: Neben den Sechsecken braucht es auch noch Fünfecke! Eine spannende Frage für Kinder ist: „Wie kann man eigentlich aus flachen Dingen Körper bauen?"
Fachkräfte sollten Wert darauf legen, dass die Kinder die jeweiligen Eigenschaften der dreidimensionalen Körper erkennen und beschreiben können: die Ecken, die Kanten, die Flächen und die Frage, wie viele es jeweils davon gibt. Und natürlich auch darauf aufmerksam machen, wo man diese Körper in der Umwelt überall finden kann.

LERNZIELE

- Einige Grundformen dreidimensionaler Körper benennen: Kugel, Quader, Würfel
- Die Grundformen einiger dreidimensionaler Körper umgangssprachlich beschreiben können

AUFGEPASST

Würfel sind Quader, aber nicht alle Quader sind Würfel. Und Würfel sind nicht nur Quader, sondern auch Spielmaterialien. Handelt es sich um Spielmaterialien, müssen Würfel nicht zwingend die Quaderform haben. Es gibt beispielsweise auch Spiele-Würfel in Pyramidenform und vielen anderen verschiedenen Körpern. Hier ist es wichtig, auf die verschiedenen Wortbedeutungen zu achten.

FÜR SIE IN DEN BILDUNGSPLAN GESCHAUT

Mecklenburg-Vorpommern: „Kinder erleben und klassifizieren Objekte wie Verpackungen, Ziegelsteine, Spielwürfel, Walzen, Murmeln, Tischplatten usw. nach deren Formen (z. B. Würfel,). Sie erfassen an Beispielen die Form als eine Eigenschaft, welche die Verwendbarkeit von Dingen im täglichen Gebrauch wesentlich bestimmt" (Kapitel „Elementarisches mathematisches Denken", S. 6).
Sachsen: „Die Urformen der Natur – Spirale, Kreis und Kugel, Quadrat und Würfel, Kreuz und Dreieck – können gemeinsam mit Kindern im Alltag entdeckt werden, denn Mathematik liegt sozusagen auf der Straße: unterschiedlich geformte Plastiken in der Fußgängerzone oder im (Heimat-)Museum, die Pflastersteine auf dem Gehweg bilden ein Muster, auch an Fachwerkhäusern kann man Muster erkennen, Wehrtürme an Festungen und Burgen sind aus verschiedenen Formen zusammengesetzt" (S. 141).
Rheinland-Pfalz: Das „Erfahren und Erfassen von geometrischen Objekten und Beziehungen" gelingt dadurch, dass Kindern die Möglichkeit gegeben wird, „geometrische Figuren (z. B. Viereck, Dreieck, Würfel, Kugel, Kreis, Oval) anhand konkreter Gegenstände zu entdecken und kennen zu lernen, Merkmale von Gegenständen zunehmend zu unterscheiden, Einsicht in Beziehungen zwischen Objekten zu erhalten sowie verbal zu beschreiben" (S. 60).

IMPULSE

1 Ein Würfel, eine Kugel, eine Pyramide

Mathematischer Lernbereich: Kinder beginnen, sich mit dreidimensionalen Körpern auseinanderzusetzen, lernen ihre Eigenschaften und Namen kennen.
Material: 1 Würfel, 1 Kugel, 1 Pyramide
Alter: ab ca. 3;0 Jahre
Gruppengröße: beliebig
Kurzbeschreibung: Die Fachkraft zeigt die verschiedenen Körper und bespricht mit den Kindern deren Eigenschaften: Wie viele Seiten? Wie viele Ecken? Wodurch unterscheiden sie sich? Was ist das Gemeinsame? Es werden zunächst nur die Formen Würfel, Kugel und Pyramide genutzt.

2 Wie heißt die Form?

Mathematischer Lernbereich: Kinder beginnen, sich mit dreidimensionalen Körpern auseinanderzusetzen, lernen ihre Eigenschaften und Namen kennen.
Material: Würfel, Kugeln, Pyramiden, pro Kind 1 Augenbinde, 1 Triangel
Alter: ab ca. 3;0 Jahre
Gruppengröße: mindestens 10 Kinder
Kurzbeschreibung: Die Hälfte der Kinder stellt sich mit verbunden Augen im Kreis auf. Die anderen Kinder holen sich jeweils eine Form und bilden dann einen Innenkreis, sodass sich jeweils ein Kind des Außenkreises und ein Kind des Innenkreises direkt gegenüberstehen. Erklingt die Triangel, bekommen die Kinder im Außenkreis von ihrem Partnerkind eine Form in die Hand gelegt, um sie abzutasten und dann zu benennen. Die Partnerkinder teilen mit, ob die Antwort stimmt. Nun tauschen die Kinder den Platz.

3 Buchbetrachtung „Ein Dreieck, ein Viereck, ein Fünfeck, was nun?“

Mathematischer Lernbereich: Kinder lernen den Zusammenhang zwischen zweidimensionalen Flächenformen (z. B. Quadrat) und dreidimensionalen Körpern (z. B. Würfel).
Material: das Bilderbuch „Ein Dreieck, ein Viereck, ein Fünfeck, was nun?“ von Annika Meike Wille
Alter: ab ca. 4;0 Jahre
Gruppengröße: 1–5 Kinder
Kurzbeschreibung: Die Fachkraft liest gemeinsam mit den Kindern das Bilderbuch. Anregung: am besten in Verbindung mit dem folgenden Impuls!

4 Magnetische Flächenformen

Mathematischer Lernbereich: Kinder erforschen den Zusammenhang zwischen zweidimensionalen Flächenformen (z. B. Quadrat) und dreidimensionalen Körpern (z. B. Würfel).
Material: magnetische Flächenformen
Alter: ab ca. 4;0 Jahre
Gruppengröße: 1–5 Kinder
Kurzbeschreibung: Die Kinder legen Figuren und bauen Körper. Dabei ist es hilfreich, wenn die Fachkraft dieses Bauen sprachlich begleitet und entsprechende Fragen stellt, etwa: „Welche Formen erhält man, wenn man ein Quadrat und vier Dreiecke nimmt und wie unterscheiden sie sich von einer Figur aus vier Dreiecken?“
Anregung: Dieser Impuls eignet sich besonders gut im Zusammenhang mit dem oben genannten Bilderbuch.

5 Viele schöne Körper

Mathematischer Lernbereich: Kinder erforschen den Zusammenhang zwischen zweidimensionalen Flächenformen (z. B. Quadrat) und dreidimensionalen Körpern (z. B. Würfel).
Material: Knetkugeln oder Gummibänder; Schaschlikspieße, deren Spitzen vorher gekappt werden, damit sich die Kinder nicht an ihnen verletzen können, oder andere geeignete Holzstäbchen
Verknüpfter Bildungsbereich: Kunst
Alter: ab ca. 4;0 Jahre
Gruppengröße: beliebig
Kurzbeschreibung: Die Kinder bauen mit der Fachkraft aus den Holzstäbchen Flächenformen und dreidimensionale Körper. Die Enden der Spieße werden durch Knetkugeln oder Gummibänder miteinander verbunden.

6 Freies Bauen mit gleichem Material

Mathematischer Lernbereich: Kinder erfahren die Eigenschaften von Körpern.
Material: diverses gleiches Material, z. B. viele gleichartige Holzwürfel oder viele gleichartige Holzkugeln etc.
Alter: ab ca. 3;0 Jahre
Gruppengröße: 1–2 Kinder
Kurzbeschreibung: Die Kinder spielen mit dem Material und sammeln dabei Erfahrungen: Welche Körper lassen sich gut stapeln? Welche Körper rollen? Wie lassen sich neue Körper aus Körpern zusammensetzen? Wichtig ist es, dass die Fachkraft mit den Kindern über ihr Handeln und die von ihnen gebauten Gebilde spricht.

7 Freies Bauen mit unterschiedlichem Material

Mathematischer Lernbereich: Kinder erfahren die Eigenschaften von Körpern.
Material: diverses unterschiedliches Material, z. B. viele gleichartige Holzwürfel und viele gleichartige Holzkugeln etc.
Alter: ab ca. 3;0 Jahre
Gruppengröße: 1–2 Kinder
Kurzbeschreibung: Aus Würfeln lassen sich beispielsweise unterschiedlich große Quader bauen – oder verschiedene „Dreiecke", die dann keine geraden, sondern in Treppenform aufsteigende Seiten haben. Wichtig ist es, dass die Fachkraft mit den Kindern über ihr Handeln und die von ihnen gebauten Gebilde spricht.

8 Der Tisch der Körperformen

Mathematischer Lernbereich: Kinder setzen sich explorierend mit Körpern auseinander.
Material: Modelle verschiedener Körper: Quader, Pyramiden, Zylinder, Kugeln etc.
Verknüpfter Bildungsbereich: Kunst
Alter: ab ca. 3;0 Jahre
Gruppengröße: beliebig
Kurzbeschreibung: Fachkraft und Kinder gestalten gemeinsam einen Tisch der Körperformen. Hierfür besprechen sie zuerst, welche Körper sie herstellen wollen und wie diese gestaltet werden sollen. Nachdem die Körper gebastelt wurden, werden sie auf dem „Tisch der Körperformen" aufgestellt. Das Ergebnis kann Ausstellungsstück in der Kita werden.

12 GRÖSSEN MESSEN UND VERGLEICHEN

„Ich bin größer als du!" – „Nein! Ich bin nämlich schon 4!" Zwei (verschiedene) Größen, jedoch völlig unterschiedliche Bedeutungen: Das erste Kind meint seine Körperlänge, das zweite sein Alter. Beide haben das Adjektiv „groß" eingesetzt. Warum? Anderes Beispiel: „Das ist ganz schön lang. Bestimmt ein Meter oder ein Kilometer. Oder sogar ein Millimeter!" Wie sich zeigt: Mit den Größen, dem Messen und dem Vergleichen ist es eine schwierige Sache. Da gibt es messbare Größen, wie Strecken, Flächen, Volumen, Gewicht, Geschwindigkeit, Zeit und Geld. Diese Größen kann man auf ganz unterschiedliche Weisen messen, etwa mit nichtstandardisierten Einheiten. Eine solche nicht standardisierte Einheit z. B. ist der Schritt. Das Gute daran: Jeder hat die dafür notwendigen Beine immer dabei. Allerdings sind die Schritte jedes Menschen unterschiedlich lang. Mit einem Zollstock könnte man sie abmessen. Aber wer hat den schon immer dabei? Deshalb gibt es standardisierte Einheiten. Kinder lernen im Laufe der Zeit, dass es verschiedene Dinge gibt, die man messen kann. Vielleicht lernen sie sogar schon die Größen (Strecke, Gewicht, Zeit etc.) kennen, häufiger aber zunächst die Maßeinheiten: Meter, Kilogramm, Stunde etc. Damit verbunden ist die Entwicklung eines Mess-Konzepts und des Vergleichs von Größe und Maßeinheit. Vergleichen sie mehrere Dingen, beispielsweise Stöcke, entwickeln sich Kinder schrittweise. Können sie zunächst nur zwei Stöcke vergleichen, gelingt es ihnen im Laufe der Zeit auch mit drei, vier oder fünf Stöcken.

LERNZIELE

- Größen umgangssprachlich beschreiben können
- Ein erstes Messkonzept entwickelt haben
- Erste Erfahrungen mit Größenvergleichen gemacht haben

AUFGEPASST

Kinder sind beim Vergleich von Längen zunächst variant. Das bedeutet, dass sie zwei Längen noch nicht sicher vergleichen können, weil sie nur eine Seite der zu vergleichenden Länge betrachten. Wollen sie beispielsweise zwei verschieden lange Buntstifte vergleichen, so kann sich folgendes Problem ergeben: Sie legen beide Stifte nebeneinander, vergleichen die Enden auf einer Seite und erklären den einen für länger. Weil die Stifte auf der andern Seite aber nicht bündig nebeneinanderliegen, sie also keinen gemeinsamen Startpunkt haben, kann der andere dennoch länger sein.

FÜR SIE IN DEN BILDUNGSPLAN GESCHAUT

Bremen: „Größen- und Mengenverhältnisse werden zunächst als räumliche Gegebenheiten wahrgenommen und abgeschätzt. Über das Nachmessen im Rahmen von gemeinsamen Tätigkeiten werden Mengenbegriffe genauer erfasst und die Grundlagen für mathematisches Verständnis gelegt" (S. 30).
Hamburg: „Der Bildungsbereich Mathematik umfasst" auch „Erfahrungen im Messen und Vergleichen – bezogen auf Länge, Breite, Höhe, Gewicht, Entfernung, räumliche und zeitliche Maße sowie im Umgang mit Mengen" (S. 87–88).

Schleswig-Holstein (Handreichung): „Die Kinder beschäftigen sich mit dem Thema Wachsen. Sie vergleichen sich: ‚Ich bin aber größer als du.' Ein Kind erzählt: ‚Mama sagt, ich bin schon wieder gewachsen und die Hose ist zu kurz.' Bei einem anderen ist ein Geschwisterkind geboren: ‚Das ist winzig klein.' Dies kann Anlass sein für den Einstieg in die Mathematik über das Messen und Vergleichen und das Erleben von Maßeinheiten" (S. 14).

IMPULSE

1 Nach Größe ordnen

Mathematischer Lernbereich: Kinder setzen sich mit Größen auseinander und vergleichen sie.
Material: Verschiedene Gegenstände wie Bausteine, Perlen, Kisten o. Ä.
Alter: ab ca. 3;0 Jahre
Gruppengröße: beliebig
Kurzbeschreibung: Verschiedene Gegenstände wie Bausteine, Perlen, Kisten o. Ä. werden vom größten zum kleinsten bzw. vom dicksten zum dünnsten Gegenstand sortiert. Im Anschluss lenkt die Fachkraft das Gespräch auf den Vergleich von größer – kleiner, länger – kürzer.

2 Entdeckungsreise

Mathematischer Lernbereich: Kinder entwickeln ein Grundverständnis für das Messen und Vergleichen von Längen.
Material: Gegenstände, die gleich lang sind, z. B. 1 Stock, 1 Stift, 1 Lineal, 1 Stück Wolle mit einer Länge von jeweils 10cm
Alter: ab ca. 4;0 Jahre
Gruppengröße: beliebig
Kurzbeschreibung: Die Kinder bekommen einen Gegenstand, z. B. einen 10cm langen Stock. Nun suchen sie im Gruppenraum nach anderen Dingen, die genauso lang sind. Anschließend kommen alle wieder zusammen und berichten, was sie gefunden haben. Es wird geprüft, ob die Fundstücke wirklich genauso lang sind wie die Vorgabe.
Variation: Die Kinder sollen Gegenstände finden, die länger oder kürzer als die Vorgabe sind.

3 Orgelpfeifen

Mathematischer Lernbereich: Kinder führen Größenvergleiche durch und setzen Größen in Beziehung zueinander.
Material: --
Alter: ab ca. 4;6 Jahre
Gruppengröße: beliebig
Kurzbeschreibung: Ein Kind bekommt die Aufgabe, die übrigen Kinder nach der Körpergröße geordnet in eine Reihe zu stellen. Am Ende muss es sich selbst in die Reihe einordnen.

Ineressant ist es, den Versuch nach einem halben Jahr zu wiederholen und das Ergebnis zu vergleichen.
Variationen:

1) Auf die gleiche Art können auch die Handgrößen der Kinder miteinander verglichen werden.
2) Generell können verschiedene Körperteile mit Wollfäden oder zusammenhängenden Büroklammern gemessen werden. Die Wollfäden bzw. Büroklammer-Ketten sind dann Repräsentanten für das jeweilige Körpermaß.
3) Auch die Körpergröße der Kinder kann in zeitlichen Abständen gemessen und durch Striche an der Wand festgehalten werden.

4 Fußgrößen messen

Mathematischer Lernbereich: Kinder führen Größenvergleiche durch und setzen Größen in Beziehung zueinander.
Material: Schuhe der Kinder, Papier, Stifte, Scheren
Alter: ab ca. 4;0 Jahre
Gruppengröße: 3–8 Kinder
Kurzbeschreibung: Jedes Kind bekommt ein Blatt Papier, einen Bleistift und ein Maßband. Die Kinder stellen einen Fuß auf das Papier (ohne Hausschuhe) und zeichnen den Umriss nach. Dabei können sie sich gegenseitig helfen oder die Fachkraft um Unterstützung bitten. Der Stift sollte beim Zeichnen immer senkrecht gehalten werden. Im Anschluss misst jedes Kind seine Fußlänge mit dem Maßband. Wie lang sind die einzelnen Füße?
Zum Vergleich kann eine Tabelle angelegt werden, in der die Fußgröße jedes Kindes erfasst ist. Zusätzlich können die Kinder die Umrisse ihrer Füße ausschneiden und neben- oder übereinanderlegen. So lassen sich die Größen miteinander vergleichen.
Am Ende können die Kinder alle ausgeschnittenen Füße auf ein gemeinsames Plakat kleben. Die jeweiligen Größen können auch jetzt noch einmal mit dem Maßband gemessen werden.

5 Raum messen

Mathematischer Lernbereich: Kinder messen mit verschiedenen Maßen und führen Mess- und Maßvergleiche durch.
Material: --
Alter: ab ca. 4;0 Jahre
Gruppengröße: beliebig
Kurzbeschreibung: Die Kinder messen den Raum mit verschiedenen Körpermaßen aus (Fußlängen, Schrittlängen, Spannweite der Arme). Wahrscheinlich wird jedes Kind ein anderes Ergebnis erhalten. Hierauf sollte die Fachkraft das Gespräch lenken und erklären, dass die Körpermaße von Kind zu Kind verschieden sind. Da die Kinder offensichtlich unterschiedliche Körpermaße haben, weist sie darauf hin, dass es besser wäre, zum Vermessen ein gemeinsames Maß zu benutzen. Dieses kann gemeinsam festgelegt werden, z. B. Bauklotz, Blatt Papier, Schuhkiste, Wollfäden mit gleicher Länge. Nach Einführung und Erklärung durch Fachkraft kann auch ein Maßband benutzt werden. Die Fachkraft kann außerdem folgende Fragen stellen: „Welche Maßeinheiten kennt ihr schon?“, „Wie lang ist 1m, wie lang 1cm?“, „Wie bekommen wir heraus, wie lang 10m sind?“.

6 Invarianz beim Vergleich von Längen

Mathematischer Lernbereich: Kinder setzen sich mit dem Vergleich von Längen auseinander und erforschen die Invarianz von Längen.
Material: 2 gleich lange Seile (ca. 1m), 1 längeres Seil (ca. 1,5m)
Alter: ab ca. 4;0 Jahre
Gruppengröße: beliebig
Kurzbeschreibung: In der Mitte des Stuhlkreises liegen die beiden gleich langen Seile, eines gerade, das andere geschwungen. Sind die beiden Seile gleich lang? Ist eines der Seile kürzer bzw. länger? Was passiert eigentlich, wenn man das geschwungene Seile gerade biegt?
Die Fachkraft führt das Gespräch dahin, dass es einen gemeinsamen Ausgangspunkt geben muss, wenn man zwei Längen vergleichen möchte.
Variation: Es liegen sowohl das kürzere als auch das längere Seil auf dem Boden. Das längere Seil ist geschwungen, sodass es am Anfang und Ende des kürzeren Seils anfängt bzw. endet. Jetzt wiederholt sich das Gespräch.

7 Entfernungen schätzen

Mathematischer Lernbereich: Kinder schätzen Entfernungen und messen sie mit verschiedenen Maßen.
Material: Stoffsäckchen, Luftballon o. Ä.
Alter: ab ca. 4;0 Jahre
Gruppengröße: beliebig.
Kurzbeschreibung: Die Kinder bilden Fünfer-Gruppen. Jede Gruppe bekommt ein Stoffsäckchen. Jede Gruppe legt ein Körpermaß fest (Fußlänge, Fingerbreite, Körperlänge, Unterarmlänge etc.). Dann wirft ein Gruppenmitglied das Säckchen weg. Die Gruppe schätzt nun, wie oft das gewählte Maß bis zum Säckchen wiederholt werden muss. Anschließend wird durch Messen mit dem Körpermaß die Schätzung überprüft.
Variation: Beim Schätzen können auch die genormten Maßeinheiten gewählt werden. Die Überprüfung erfolgt ebenfalls durch Ausprobieren.

8 Ganz leicht, etwas schwer

Mathematischer Lernbereich: Kinder befassen sich mit dem Vergleich von Gewichten, den Konzepten „leicht" und „schwer" und vergleichen Gegenstände unter dem Gesichtspunkt ihres Gewichts.
Material: mehrere unterschiedlich schwere Dinge
Alter: ab ca. 3;0 Jahre
Gruppengröße: beliebig
Kurzbeschreibung: Die Fachkraft legt in die Mitte des Stuhlkreises ca. 5 bis 6 verschieden schwere Gegenstände in Kreisform oder auf einen Haufen. Aufgabe der Kinder ist es, diese Dinge in die richtige Reihenfolge zu bringen: Auf der einen Seite der leichteste Gegenstand, dann werden die Dinge immer schwerer, bis am Ende auf der anderen Seite das schwerste Ding liegt. Es gilt, herauszubekommen, wie man die Gegenstände gut vergleichen und in die richtige Reihenfolge bringen kann.

9 Mit einer Balkenwaage messen

Mathematischer Lernbereich: Zum Wiegen und Vergleichen des Gewichts von Gegenständen ist eine Balkenwaage sehr gut geeignet. Leider gibt es in Kindertagesstätten meistens nur kleinere Waagen, mit denen kleine und leichte Dinge gewogen werden können. Hier folgt eine Bauanleitung, wie Fachkräfte mit wenig Aufwand eine Balkenwaage bauen können.
Material: 3 identische Eimer (ca. 5–10 Liter Volumen), 1 Besenstiel aus Holz, 1 Haken, 1 Kleiderbügel, ca. 5 Liter Zement, 1 Wasserwaage
Achtung: Zement darf nicht mit Haut oder Augen in Berührung kommen. Deswegen sollte die Balkenwaage nicht mit Kindern zusammen gebaut werden.
Bauanleitung: Der Zement wird entsprechend der Anleitung in einem Eimer angerührt. In den Besenstiel aus Holz wird der Haken an einem Ende so eingeschraubt, dass er zu einer Seite herausschaut. Nun wird der Besenstiel in den Eimer mit Zement gesteckt und mit der Wasserwaage geprüft, sodass er senkrecht steht. Der Zement muss nun aushärten. Dann hängt man den Kleiderbügel an den Haken und die beiden Eimer rechts und links an den Kleiderbügel. Fertig ist die stabile und günstige Balkenwaage für die Kindertagesstätte.

10 Leicht und schwer, groß und leicht, klein und schwer

Mathematischer Lernbereich: Kinder setzen sich mit dem Gewicht und dem Vergleich von Gewichten auseinander. Dabei wird auch erprobt, dass die Ausdehnung von Dingen keine Auswirkung auf ihr Gewicht hat.
Material: beliebig, z. B. Kastanien und Tannenzapfen, Steine und Schwämme, aufgeblasene Luftballons und getrocknete Linsen, Waage
Alter: ab ca. 3:0 Jahre
Gruppengröße: pro Waage ca. 1–4 Kinder
Kurzbeschreibung: Die Kinder bekommen verschiedene Materialien und sie können herausfinden, welche Materialien leichter oder schwerer sind, was man machen muss, damit die Waage waagerecht ist, wenn auf der einen Seite Schwämme im Eimer sind und auf der anderen Seite Steine etc.

LITERATUR

Benz, C./Peter-Koop, A./Grüßing, M. (2015): Frühe mathematische Bildung. Mathematiklernen der Drei- bis Achtjährigen. Berlin & Heidelberg: Springer Spektrum.

Bönig, D./Hering, J./London, M./Nührenbörger, M./Thöne, B. (2017): Erzähl mal Mathe! Mathematiklernen im Kindergartenalltag und am Schulanfang. Seelze/Velber: Klett-Kallmeyer.

Dornheim, D. (2008): Prädikation von Rechenleistung und Rechenschwäche: Der Beitrag von Zahlen-Vorwissen und allgemein-kognitiven Fähigkeiten. Berlin: Logos.

Fthenakis, W. E./Schmitt, A./Daut, M./Eitel, A./Wendell, A. (2008): Natur-Wissen schaffen. Band 2: Frühe mathematische Bildung. Köln: Bildungsverlag Eins.

Hauser, B./Vogt, F./Stebler, R./Rechsteiner, K. (2014): Förderung früher mathematischer Kompetenzen. Spielintegriert oder trainingsbasiert. In: Frühe Bildung, 3/2014, S. 139–145. Online: https://econtent.hogrefe.com/doi/abs/10.1026/2191-9186/a000144 (letzter Zugriff: 11.07.2018).

Hoenisch, N./Niggemeyer, E. (2015): Mathe-Kings. Junge Kinder fassen Mathematik an. 2. Auflage, Berlin: Was mit Kindern.

Kornmann, R. (2010): Mathematik: für Alle von Anfang an! Bad Heilbrunn: Klinkhardt.

Royar, T./Streit, C. (2010): MATHElino: Kinder begleiten auf mathematischen Entdeckungsreisen. Seelze/Velber: Klett-Kallmeyer.

Seo, K. H./Ginsburg, H. P. (2004): What Is Developmentally Appropriate in Early Childhood Mathematics Education? Lessons From New Research. In: Clements, D. H./Sarama, J./DiBiase, A. M. (2004) (Hrsg.): Engaging Young Children in Mathematics: Standards for Early Childhood Mathematics Education. New York: Routledge, S. 91–104.

Stiehler, M. (2017): 5 Gründe, warum das Datum Kindergartenkinder überfordert. www.praxis-foerderdiagnostik.de/5-gruende-warum-das-datum-kindergartenkinder-ueberfordert/ (letzter Zugriff: 11.07.2018).

BILDUNGSPLÄNE

https://www.bildungsserver.de/Bildungsplaene-der-Bundeslaender-fuer-die-fruehe-Bildung-in-Kindertageseinrichtungen-2027-de.html (letzter Zugriff 24.08.2018)

https://www.saarland.de/dokumente/thema_bildung/Saarland_Handreichung.pdf (letzter Zugriff 24.08.2018)

https://www.schleswig-holstein.de/DE/Fachinhalte/K/kindertageseinrichtungen/downloads/download_handreichung_mathe_naturwissenschaft_technik.pdf;jsessionid=0A97D2C61B3ECF5E17125EE3641EE073?__blob=publicationFile&v=2 (letzter Zugriff 24.08.2018)

Ministerium für Bildung, Frauen und Jugend Rheinland Pfalz (2004): Bildungs- und Erziehungsempfehlungen für Kindertagesstätten in Rheinland-Pfalz. Beltz: Weinheim und Basel.

IMPRESSUM

„Mathe spielen. Impulse für die mathematische Bildung in der Kita" ist ein Produkt von kindergarten heute – Das Fachmagazin für Frühpädagogik.

Redaktion:
Silke Dittmar (verantw.)
Tel. 0761 / 2717 -209
E-Mail: dittmar@herder.de
Franziska Aehlen
Tel. 0761 / 2717 -238
E-Mail: aehlen@herder.de

Anschrift der Redaktion:
Hermann-Herder-Str. 4
79104 Freiburg
Tel. 0761 / 2717-322
E-Mail: redaktion@kindergarten-heute.de

www.herder.de
Gestaltung und Satz: Veronika Preisler, München
Herstellung: Graspo, Zlín
Gedruckt auf chlorfrei gebleichtem Papier
Printed in Czech Republic

ISBN 978-3-451-00781-1